현직
무용가들을
통해 알아보는
리얼 직업
이야기

무용가
어떻게

How did they become dancers?

되었을까?

CampusMentor
캠퍼스멘토

KB015657

"도움을 주신 무용가들을 소개합니다"

안남근 현대무용가

- 현) 프리랜서 현대무용가로 활동
- 한국예술종합학교 무용원 실기과 출강
- 서울예술고등학교 무용과 출강
- 대전예술고등학교 무용과 출강
- 전) LDP 무용단 정단원
- 전) 국립현대무용단 단원
- 한국예술종합학교 대학원 무용원 실기과 석사
- 한국예술종합학교 무용원 실기과 학사
- 대전예술고등학교 무용과

제이유 팝핀댄서

- 현) 서울종합예술실용학교 무용예술계열
  스트릿댄스전공 전임교수
- 현) 팝핀댄스팀 BEAT BUGS CREW 멤버
- 현) SOO DANCE STUDIO 강사
- 한국예술종합학교 무용원 창작과 겸임교수
- 리듬하츠 댄스아카데미 단장
- 국민대학교 종합예술대학원 실용무용전공 석사
- 세종대학교 영어영문학과 학사

이루다 발레무용가

- 현) 블랙토 댄스 컴퍼니 대표
- 현) 몸학교 원장
- 유니버설 발레단 II 단원
- 한국예술종합학교 무용원 창작과 석사
- 한국예술종합학교 무용원 실기과 발레 학사
- 선화예술학교 무용과 발레 전공

무용가
어떻게
되었을까
?

꿈을 이룬 사람들의 생생한 직업 이야기 33편
무용가 어떻게 되었을까?

1판 1쇄 찍음 2021년 06월 04일
1판 2쇄 펴냄 2022년 08월 24일

펴낸곳	㈜캠퍼스멘토
저자	박선경
책임 편집	이동준 · 북커북
교열 · 윤문	북커북
연구 · 기획	오승훈 · 이사라 · 박민아 · 국희진 · 김이삭 · ㈜모야컴퍼니
디자인	㈜엔투디
마케팅	윤영재 · 이동준 · 신숙진 · 김지수
교육운영	문태준 · 이동훈 · 박흥수 · 조용근
관리	김동욱 · 지재우 · 임철규 · 최영혜 · 이석기
발행인	안광배

주소	서울시 서초구 강남대로 557 (잠원동, 성한빌딩) 9층 (주)캠퍼스멘토
출판등록	제 2012-000207
구입문의	(02) 333-5966
팩스	(02) 3785-0901
홈페이지	http://www.campusmentor.org

ISBN 978-89-97826-66-7(43680)

이종률 댄스스포츠 선수

- 현) 댄스피버스튜디오 원장
- 현) 서초구 댄스스포츠 연맹 부회장
- 한국체육대학교 석사
- 한국체육대학교 레저스포츠 학사
- 영국 IDTA 국제지도자자격취득 License latin
- 영국 IDTA 국제지도자자격취득 License ballroom
- 한국 댄스스포츠 교사협회 댄스스포츠지도자 2급 자격취득
- 영국 ISTD 국제지도자자격취득 License latin

김혜림 한국무용가

- 현) Art Reem Dance 대표
- 경기도립 무용단 정 단원
- 상명대학원 공연예술경영 박사 과정
- 상명대학원 공연예술경영 석사
- 한국국제예술원 무용과

이대규 스트릿댄서

- 영화 '턴더스트릿' 안무지도 및 출연
- 청하 'Stay Tnight' 'Dream of You' 메인댄서 참여
- 슈가맨 양동근 댄서 참여
- 대중문화예술상 오프닝무대 참여
- 다양한 의류 브랜드 모델 & 광고촬영
- 'Graphy' 잡지 모델
- 한국예술원 실용무용학부

이 책의 구성

Chapter 2

무용가의 생생 경험담

Chapter 3

예비 무용가 아카데미

무용가,

어떻게
되었을까
?

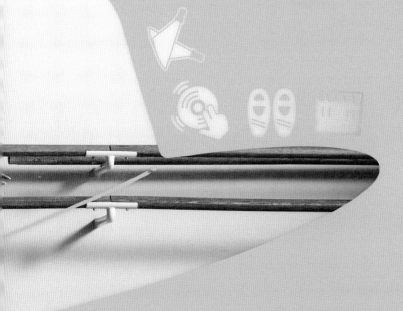

무용가란?

—

무용가는

무용가는 음악에 맞추어 혼자 또는 단체의 일원이 되어
예술적으로 춤을 추는 일을 한다.

주로 한국무용, 발레, 현대무용 등의 장르에서 고전 작품 또는 창작 작품을 공연한다. 전공에 따라 한국
무용가, 현대 무용가, 발레리나(남자는 발레리노) 등으로 불린다. 무용가는 공연을 목적으로 안무가가
개발한 무용을 지도받고 연습한다. 극의 스토리와 메시지를 몸의 표현으로 전달하며 예술적 감동을 주
기 위하여 음악에 맞추어 춤을 통해 연기한다. 공연이 결정되면 연습 스케줄을 계획하고 자신이 맡은
배역과 전체적인 공연 콘셉트 및 분위기를 파악한다. 또 회의를 통해 동작과 움직임을 조율하고 공연에
맞는 몸을 만든다. 무용가로 오랜 경력을 쌓다가 안무가로 활동하는 경우가 많다.

출처: 워크넷

■ 무용가 업무

- 무용가는 무용을 창안, 해석하거나 혼자 또는 단체의 일원으로서 예술적으로 춤을 춘다.
- 작품의 내용과 감정을 관객에게 전달하기 위해 다양한 동작을 통해 작품을 표현한다.
- 다양한 동작을 창작하고 표현하려는 이미지와 감정을 춤으로 구성한다.
- 대중에게 어필할 수 있는 춤을 추며 무대를 구성한다.
- 공연이 결정되면 연습 스케줄을 계획하고 자신이 맡은 배역과 전체적인 공연 컨셉 및 분위기를
  파악한다.
- 회의를 통해 공연 동작의 가능성이나 움직임을 조율하고, 공연에 맞는 몸을 만든다.
- 안무가 혹은 연출가로부터 무용을 지도받고 연습하며, 예술적 감동과 의지를 표현하기 위해
  음악에 맞추어 일정한 동작을 취한다.

출처: 커리어넷

무용의 종류

무용은 인간의 가장 원초적인 표현 수단이며, 인간의 내면이나 정서를 육체를 빌어 율동적으로 표현하는 예술이다. 다른 예술과 달리 몸이 표현 수단인 무용은 리듬을 토대로 한순간의 동작에 예술성이 결정되는 순간적 예술이라고도 할 수 있다. 인간의 역사와 함께 있어 온 무용은 시대가 변함에 따라 그 형태가 달라지기도 한다.

무용은 크게 실용무용과 순수무용으로 나눌 수 있다.

• 실용무용

실용무용은 근래 한류문화 성장과 엔터테인먼트 사업의 성장으로 빠르게 정착하고 있는 스트릿댄스(비보이, 힙합, 팝핀, 왁킹, 락킹, 얼반댄스, 하우스 등), 방송댄스와 살사, 탱고, 밸리댄스, 스윙, 탭댄스 등 대중적으로 보급되어 동호회 등에서도 많이 즐기고 있는 커플댄스, 퍼포밍댄스들도 실용무용으로 구분할 수 있다.

• 순수무용

순수무용은 현대무용, 발레, 한국무용으로 나눌 수 있다.

현대무용, 발레와 같은 무용은 주로 하체(다리, 발) 중심의 무용으로 발달을 보이며 선을 구사함에 있어 인체를 주체로 하여 해부학적이고 기하학적인 측면에서 외향성을 강조하며 하체 기교의 발전을 요구하고, 강약의 표현에 있어 동적인 움직임을 보인다. 또한 현대무용의 근본적인 뿌리는 발레에 두고 있기 때문에 현대무용을 잘하기 위해서는 발레 기본기가 탄탄해야 한다.

한국무용의 형태는 어깨에서 구체화하여 리드미컬하게 표현한 것이라고 할 수 있다. 한국무용은 궁중무용과 민속무용으로 구분할 수 있다.

- 궁중무용은 고려와 조선의 윤리 사상을 바탕으로 선이 곱고 몸가짐이 바르며 동작의 변화가 적고, 정형화된 움직임을 보인다.
- 민속무용은 한국무용 고유의 원형을 살리고, 중국의 무용을 흡수하고 소화해 경쾌하고 장중하며, 변화무쌍한 무용으로 발전한 것이 민속무용으로 서민 대중이 즐기는 세시풍속에서 발전해 왔다.

출처: m.blog.naver.com 〉 nathan0508

무용가의 자격 요건

──◦── 어떤 특성을 가진 사람들에게 적합할까? ──◦──

- 무용가는 유연한 신체와 균형 감각이 있어야 하며, 풍부한 표정 등 연기력도 뒷받침되어야 한다.
- 오랜 연습 시간과 공연을 할 수 있는 건강한 신체와 끈기가 필요하며, 여러 명이 하나의 작품을 공연하는 경우가 많으므로 협동심과 원만한 대인관계 유지 능력이 요구된다.
- 예술형과 탐구형의 흥미를 지닌 사람에게 적합하며, 성취, 책임감, 인내심 등의 성격을 가진 사람들에게 유리하다.

출처: 커리어넷

무용가와 관련된 특성

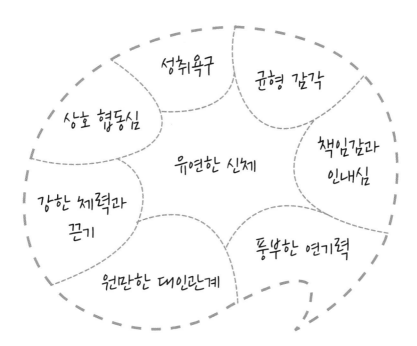

성취욕구

균형 감각

상호 협동심

유연한 신체

책임감과
인내심

강한 체력과
끈기

원만한 대인관계

풍부한 연기력

Q "무용가에게 필요한 자격 요건에는 어떤 것이 있을까요?"

톡(Talk)!
이루다

철저한 자기관리와 완벽한 테크닉 향상을 위해
끈기가 필요해요.

　다른 장르의 무용수들도 비슷하겠지만, 철저한 자기관리와 정확한 동작 습득을 위한 완벽주의 성향, 테크닉 향상을 위한 끈기가 필요한 자질이라고 생각해요. 타고난 신체적 조건을 갖추고 있지 않다면 발레가 요구하는 기준에 부합하는 신체를 갖기 위해 훈련과 노력을 꾸준히 해야 해요. 또한, 정확한 동작 습득과 테크닉 향상을 위한 꾸준한 연습이 필요하겠죠. 동작 습득과 테크닉을 섭력해가는 과정은 미션을 하나씩 이루어가는 듯한 중독성이 있답니다. 발레 동작을 해냈을 때 행복감을 느낄 수 있는 사람이라면 그 자질은 충분하다고 생각합니다.

톡(Talk)!
이대규

자신이 추고 있는 춤에 대한 사랑이
가장 필요하다고 생각해요.

　기본적으로 필요한 자질은 본인의 의지와 노력이겠죠. 하지만 저는 그것보다 더 중요한 것은 자신이 추고 있는 춤에 대한 사랑이라고 생각해요. 춤을 사랑할 때, 자신이 만든 안무가 더 잘 표현되고 그 안무를 표현할 때 자신감이 생기죠. 관객들에게 더 메시지 전달을 잘 할 수도 있고요. 춤에 대한 사랑은 댄서에게 가장 필요한 자질 같아요. 단순히 멋있어 보이기 위해 추는 춤보다는 자신이 전달하고자 하는 메시지를 몸으로 표현하고 관객들에게 전달하는 게 진정한 춤이지 않을까요?

긍정적인 호기심과 남들과 다른 시선을 가지려는 노력이 필요해요.

기본적으로 몸이 가지고 있는 본연의 탤런트가 있다면 좋겠지만, 그런 경우가 많지는 않잖아요. 개인적인 노력을 통하여 채우면 좋을 만한 자질들을 말씀드려야 할 것 같네요. 긍정적인 호기심과 남들과 다른 시선을 가지려는 노력이 필요해요. 학자 스타일의 현대무용가들도 꽤 많은데, 철학적으로 다가가는 스타일이죠. 어느 시선으로 바라보고 현대무용에 다가가느냐가 중요한 것 같아요. 우리나라의 경우는 입시 중심이 무용이 강하다 보니, 입시라는 하나의 목표만을 바라보고 가는 편인데, 외국은 다르다고 하더라고요.

테크닉을 가르치는 게 아닌, 현상을 바라보고 관찰할 수 있는 교육을 제공하다 보니 자연스럽게 남들과는 다르게 바라볼 수 있는 시선을 기를 수 있는 환경을 주죠. 예를 들면 '고드름이 녹으면 어떻게 되죠?'라는 질문에 한국 학생들은 '물이 되죠.'라고 대답하지만, 외국 학생들은 '봄이 찾아오지.'라는 대답을 하는 것처럼요. 이런 부분에서 창의력이나 상상력, 감수성에 차이가 생기는 것 같아요. 입시 위주의 무용보다는 나만의 시야를 갖기 위한 노력을 하는 게 좋겠죠. 저의 경우, 책을 읽을 때 그 상황을 상상하며 읽는 편이거든요. 그러면 책에 더 몰입되고 저도 모르는 새로운 감정들을 느끼게 되더라고요. 일상 속에서 호기심을 갖고 관찰하고 상상하는 연습을 하길 추천해요. 빠르게 답을 찾고 정답을 외쳐야 할 것 같은 고정관념에서 벗어나는 거죠. 그리고 또 하나, 포기하지 않는 마음이 중요한 것 같아요.

**재능이 뛰어나도 꾸준히 연습하지 않고
성실하지 않다면 오래 갈 수 없어요.**

　꾸준함과 인내심이 한국무용가에게 필요한 자질이라고 생각해요. 모든 분야가 다 어렵겠지만, 예술 분야를 끝까지 이어 나간다는 것은 끊임없는 자신과의 싸움이죠. 훌륭한 한국무용가가 되기 위해서는 꾸준히 연습하며 자신의 실력을 갈고닦아야 해요. 재능이 아무리 뛰어나도 꾸준히 연습하지 않고 성실하지 않다면 오래 갈 수 없어요. 그런 친구들을 가끔 봐요. 처음 배우러 오면 재능이 보이지만 자신의 재능을 믿고 연습을 하지 않고, 요령을 피우기도 해요. 지켜본 결과 그런 친구들은 오래가지 못하더라고요. 하지만 재능도 있고 성실해도 연습한 만큼 결과가 좋지 못할 때도 있어요. 그럴 때는 자신의 실력을 다지는 계기로 생각하면서 그 과정을 극복해내면 더 성장하게 되더라고요.

　저도 신인 무용 콩쿠르와 대학교 입시에서 한 번에 좋은 결과를 얻지는 못했답니다. 떨어지고 계속 떨어졌지만, 다시 도전했죠. 오히려 그 후에 실력도 늘고, 마음도 단단해지고 성숙해진 저 자신을 발견할 수 있었어요. 실패하더라도 마음을 새롭게 하고 다시 시작하면 돼요. 그게 끝이 아니거든요. 한국무용에선 꾸준함이 제일 중요해요. 사실 꾸준히 한다는 게 말은 쉽지만, 생각보다 쉽지 않죠. 친구들과 놀고 싶을 때도 있고 가끔 하기 싫을 때도 있거든요. 그럴 때 자신과의 싸움에서 이겨내야 하는 거 같아요. 계속하다 보면 '뭐 그럴 수도 있지'라는 담담함과 무던함이 생겨요. 너무 당연한 이야기일 수 있겠지만, '꾸준함'과 '인내' 그리고 '긍정적인 마음'만 있다면 충분히 저보다 더 멋지게 하실 수 있을 거라 믿어요.

쉽지 않은 댄스이기 때문에 포기하지 않고 꾸준히 연습하는 끈기가 필요해요.

　기본기와 동작의 원리를 이해하고 습득하는 데 오랜 시간이 걸리는 게 팝핀댄스예요. 다른 장르보다 쉽지 않은 댄스이기 때문에 포기하지 않고 꾸준히 연습하는 끈기가 꼭 필요해요. 그리고 댄서는 몸을 사용하는 직업인만큼 신체 및 체력을 유지하기 위한 철저한 자기관리도 중요하답니다.

자신의 파트너를 배려하고 이해할 수 있는 파트너쉽이 중요해요.

　체격조건도 중요하지만 포기하지 않는 근성이 가장 중요하다고 생각해요. 타고난 체격조건을 갖추었다면 좋겠지만, 그렇지 않아도 충분히 커버할 수 있거든요. '노력을 이길 순 없다'라는 말이 있잖아요. 꾸준한 노력과 훈련을 통해 체력을 키워나가고, 기술적인 부분들로 체격조건의 부족함을 채우면 훌륭한 댄서가 될 겁니다. 또한, 파트너쉽이 중요한 점이기 때문에 자신의 파트너와 다른 커플들을 배려하고 이해할 수 있는 내면적인 부분들도 중요하다고 생각합니다.

내가 생각하고 있는 무용가의
자격 요건을 적어 보세요!

무용가가 되는 과정

 정규 교육과정

무용가가 되기 위해서 특별한 자격 요건이 있는 것은 아니지만 예술고등학교나 전문대학, 4년제 대학의 무용과를 전공하는 것이 일반적이다.

대학의 무용(학)과는 학교에 따라 한국무용, 현대무용, 발레 등의 세부 전공으로 구분된다. 무용과는 다양한 실기교육을 통해 테크닉 수준별 심화교육과 무용 이론인 무용학입문, 무용창작법, 무용사, 무용인류학입문, 무용미학, 무용움직임분석, 무용기능학, 무용비평연구, 무용기보법, 무용작품해설, 무용학연구법, 무용지도법 등을 배운다.

 직업 훈련

사설 무용학원에서 무용가가 되기 위한 교육과 훈련을 받을 수 있다.

 관련 자격증

무용가가 되기 위한 관련 국가자격증은 없다.

4 입직 및 취업 방법

무용가가 되기 위해서는 예술계 중·고등학교를 나와 대학의 무용(학)과를 졸업하는 것이 유리하다. 그 외에도 무용전문 학원에 다니거나 유명한 무용가의 제자로 들어가 수업을 받고 진출할 수도 있다. 교육 훈련을 마친 뒤에는 무용단에 입단하여 무용가로 활동할 수 있다. 무용가로 활동하지 않을 경우엔 학원에서 강사로 활동하거나 무용 이론을 공부하여 무용 비평가로 일할 수도 있다.

시·도 소속 무용단에 들어가기 위해서는 단원 모집 오디션에 합격해야 한다.

출처: 커리어넷

5 무용가의 경력개발

무용가는 국·시립무용단을 포함한 직업무용단과 동일한 학교의 졸업생이나 특정 스승의 제자들이 주축이 된 동문무용단, 공연에 따라 수당을 받는 전문무용단 등에서 주로 활동하거나 개인 무용가로 활동한다. 직업무용단에서 정규직으로 활동하는 무용가는 많지 않고 대부분 프리랜서, 임시직, 파트타임 등의 형태로 활동한다. 무용단에 들어가기 위해서는 단원 모집, 오디션을 거치는 것이 일반적이며 무용단에 따라 전문대학 이상의 학력 등을 요구하기도 한다. 또 공연작품에 따라 그에 맞는 단원을 공개 오디션으로 뽑기도 하며, 대학에서 운영되는 무용단은 추천을 통해 단원으로 선발되기도 한다. 일부는 연수 단원으로 활동하다가 오디션을 거쳐 정식 단원이 되기도 한다. 보통 오디션은 지원자 자유무용과 무용단 지정 무용 등으로 구성된다. 무용단에 따라 차이가 있지만 보통 '준단원→정단원→수석단원' 등의 승진체계가 있다. 발레단은 '(일반)단원→드미솔리스트(Demi-Soloist)→솔리스트(주연무용수)→수석무용수' 등으로 승진한다. 무용가로 일정 경력을 쌓아 안무가로 진출하기도 하며, 무용가, 안무가 등을 거쳐 무용단 단장이 되기도 한다. 학교에서 강의하거나 사설 무용학원 등을 운영하는 사람도 있다.

출처: 한국직업전망

무용가의 좋은 점·힘든 점

톡(Talk)!
안남근

| 좋은 점 |
다른 사람들보다 순수하고,
젊게 살아간다는 점인 것 같아요.

좋은 점을 생각해보면 무용하는 사람들이 다른 영역의 사람들보다 순수하고, 젊게 살아간다는 점인 것 같아요. 무용하는 친구들이 같은 연령대의 일반인들보다 활기 있고, 젊은 느낌이 있어요. 음악에 맞춰 몸을 움직이다 보니 행복을 몸으로 느끼기 때문이지 않을까 하는 생각을 해본 적이 있어요. 그리고 프리랜서의 경우는 시간을 자유롭게 쓸 수 있다는 장점도 있죠. 물론 공연에 들어가게 되면 시간적인 자유로움은 줄어들지만요. 금전적인 부분은 소속의 여부에 따라 다르게 적용될 수 있지만, 무용단 소속으로 활동할 때는 월급제로 급여가 지급되기 때문에 경제적으로도 안정적인 생활을 할 수 있어요.

톡(Talk)!
이루다

| 좋은 점 |
화려한 무대 위에서
아름다움을 표현할 수 있다는 점이 가장 매력적이에요.

화려한 무대 위에서 많은 관객에게 발레의 아름다움을 표현할 수 있다는 점은 무엇과도 바꿀 수 없는 경험입니다. 무대에 섰을 때 자신만이 느낄 수 있는 에너지를 느낀다는 것도 또 다른 장점이 되겠네요.

톡(Talk)!
제이유

| 좋은 점 |

춤을 통해서 사람들과 교감하고
소중한 추억을 남길 수 있어서 행복해요.

　오랜 시간 연습하고 나서 대회에서 성과를 거둘 때 큰 보람을 느낍니다. 또한, 춤을 통해서 사람들과 교감하고 소중한 추억을 남길 수 있어서 행복하고요. 춤 동작을 익히기가 까다롭지만, 어느 정도 팝핀 동작들이 숙련되고 나면 표현할 수 있는 범위가 상당히 넓어진답니다. 현재는 대학에서 전임교수로 있으면서 수직적이기보단 수평적인 관계의 업무 환경 속에서 근무하고 있답니다. 덕분에 일반 직장보다는 회사 내의 스트레스는 크지 않은 편이죠. 하고 싶은 일을 하면서도 안정적으로 월급을 받는다는 게 큰 장점이기도 해요. 안정적인 삶을 추구할 수 있도록 밑바탕을 마련해주죠.

톡(Talk)!
이종률

| 좋은 점 |

전 세계 무용가들과 소통하기 때문에
여러 나라의 문화를 느끼고 배울 수 있어요.

　전 세계의 댄스스포츠 선수들과 춤을 통해 소통하기 때문에 자연스럽게 여러 나라의 문화를 느끼고 배울 수 있는 점이 가장 좋은 것 같아요. 또한, 무대에서 얻어지는 자신감과 매너는 다른 직업들과 차별화되는 장점이라고 생각해요. 음악에 맞춰 파트너와 훈련하기 때문에 외롭지 않고 힘듦을 쉽게 잊을 수 있어요. 둘이 훈련하는 만큼 더 즐겁게 임할 수 있죠. 댄스 스튜디오 운영은 자영업의 특성상 근무시간과 업무량을 조정할 수 있어서 좋아요. 누군가를 가르치고 함께 음악에 맞춰 몸을 움직이기 때문에 큰 보람도 느끼죠. 동시에 건강도 유지할 수 있고요.

| 좋은 점 |

자기가 하고 싶은 일을 하기 때문에
자부심과 자기만족이 큽니다.

한국 사람으로서 한국적인 춤을 배우고 춘다는 것에 대한 자부심을 가질 수 있다는 게 가장 좋은 점이에요. 우리나라에서만 배울 수 있고 접할 수 있는 춤이죠. 사실 우리나라에 훌륭한 한국무용가가 많아요. 한국무용 공연을 보고 싶을 땐 언제든 관람할 수 있답니다. 그리고 '하고 싶은 일을 한다.'라는 점이 또 다른 장점이지요. 예술 분야는 자기만족이 큰 분야거든요. 그래서 스트레스를 받기도 하지만, 그만큼 성취감도 크죠.

| 좋은 점 |

춤을 통해 자기의 삶을 돌아보고,
내면의 세계를 들여다보게 됩니다.

가장 좋은 점은 춤을 통해 자신에 대해 알아갈 수 있다는 것입니다. 춤으로 표현하기 위해서 삶을 돌아보고, 내면을 들여다보게 되거든요. 내가 가지고 있는 생각들을 정리하면서 새로운 나를 알아가는 재미를 느낀답니다. 또 다른 자아를 찾기도 하는데요. 그래서인지 춤출 때 또 다른 내가 되는 상황을 마주하기도 합니다. 정말 우울하고 힘들 때 저는 노래 들으면서 춤을 추곤 해요. 그러면 힘들었던 것들이 조금씩 사라지면서 기분이 좋아지더라고요. 이것도 댄서만이 느낄 수 있는 장점이 아닐까요? 그리고 무대를 마치고 관객들에게서 듣는 환호성과 그로 인해 느끼는 뿌듯함은 말로 표현할 수 없을 만큼의 행복감을 주지요. 뭉클함도 느끼고요. 노력했던 시간에 대한 대가를 받는 느낌이죠.

| 힘든 점 |

고정적인 생활패턴을 갖기 어렵고
경제적으로 불안정할 수도 있어요.

프리랜서로 활동한다면 금전적인 불안정함이 힘든 점이 될 수도 있겠네요. 고정적인 생활패턴을 갖기 어렵지만, 자신이 잘하는 영역을 알고 소신 있게 나아가면 레슨도 많아지고 공연도 많아지므로 이런 단점이 해결될 수 있다고 봐요. 잘나가는 프리랜서 무용수들도 많거든요. 지원사업에 신청하여 금전적인 문제를 보완할 수도 있고요. 저는 제가 찾아서 지원사업을 하지는 않고, 해달라는 요청을 많이 받아봤었어요. 그런데 공연이 워낙에 많은 편이라 지원사업까지 신경 쓸 여력이 안 되어 참여하지는 않았죠.

식단과 체력관리도 해야 해요. 식단의 경우 저는 고무줄 스타일이라 체중 변화가 빠른 편이기에 몹시 어려움을 느끼지는 않지만, 힘들어하는 친구들이 더 많죠. 꾸준한 체력관리도 중요해요. 저는 발레나 움직이는 활동을 좋아하다 보니, 자연스럽게 체력이 채워지는 부분이 있어요. 다만 나이가 들면서 내가 내 몸을 어디까지 컨트롤할 수 있을까 하는 걱정이 생겨서 매일 체크하곤 해요. 요가와 발레를 매일 꾸준히 하기도 하고요.

아! 그리고 스포츠활동들은 몸을 다칠까 봐 무서워서 조심하게 돼요. 그래서 보드 같은 것도 못 탑니다. 무용수들은 몸에 있어서는 엄청 예민해지는 편이죠.

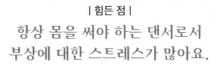

| 힘든 점 |
항상 몸을 써야 하는 댄서로서
부상에 대한 스트레스가 많아요.

댄서라는 직업이 몸을 쓰는 직업이기 때문에 신체적인 부상이 잦아요. 무대 상황에 따라 넘어지거나 찰과상이 생기는 일이 종종 일어나죠. 오랫동안 댄서로서 활동하고 싶기에 최대한 다치지 않도록 조심하는 편입니다. 댄서로서 가장 중요한 부분은 다치지 않는 건데, 그게 생각보다 쉽지 않더라고요.

| 힘든 점 |
댄스스포츠의 경우 좋은 파트너를 만나기가 쉽지 않아요.

상대의 컨디션과 상황에 따라 훈련을 못 하는 경우도 있죠. 파트너가 없으면 선수 생활이 불가능한 것이 댄스스포츠 선수의 힘든 점인 것 같아요. 더불어 의상과 수업료, 해외대회 참가비용 등 금전적인 부담도 큰 편이죠. 그래서 대부분 강습과 선수를 병행하곤 합니다. 스튜디오에서 거의 매일 오전부터 늦은 저녁까지 레슨을 하기 때문에 힘들 때도 많죠.

| 힘든 점 |
꾸준한 식단관리와 근력 및 체력관리를 게을리할 수 없죠.

화려한 무대를 오르기 위해서는 꾸준한 식단관리, 근력 및 체력관리가 중요해요. 발레에서 요구하는 신체적 기준에 부합하기 위한 식단이 필수적이기 때문에 먹고 싶은 음식을 편하게 먹지 못하는 단점이 있죠. 다른 무용 장르들과 비교하면 근력과 체력관리 또한 게을리할 수 없는 것도 힘든 부분 중 하나예요.

톡(Talk)!
제이유

| 힘든 점 |
동작을 익히는데 시간이 오래 걸리다 보니
진입장벽이 높아요.

댄스 범주 안에서 비교해본다면, 팝핀댄스는 몸을 튕기면서 춰야 하는 춤이기 때문에 다른 장르의 춤보다 진입장벽이 높은 편입니다. 동작을 익히는 데도 시간이 오래 걸리고, 무엇보다 몸을 잘 관리해 나가야 한다는 부담도 있고요. 개인적으로 전임교수로서 일하면서 일정한 급여를 받고 있지만, 사실 이 부분은 일반적인 팝핀댄서로서의 경제적 여건과는 조금 거리가 있을 수도 있어요.

톡(Talk)!
김혜림

| 힘든 점 |
현실적으로 끝임없는 자기관리와 경제적 부담이 힘들죠.

많은 인내가 필요한 부분이 힘든 점일 수도 있겠네요. 장·단점 사이라고 해야 할까요? 예술 분야는 흥미롭고 재미있지만, 한편으로는 많은 인내와 현실적인 부분에 대한 고민 등 힘든 일들도 찾아오거든요. 때때로 찾아오는 어려움을 이겨내는 것은 모든 일의 공통점 아니겠어요? 하지만 인내를 한 만큼 성숙하고 성장하는 계기가 되어 또 다른 장점으로도 승화시킬 수 있다고 생각해요.

무용가 종사 현황

◆ 종사 현황

무용가를 포함한 시각 및 공연예술가의 종사자 수는 66,000명이며, 향후 10년간 고용은 연평균 0.5% 증가할 것으로 전망된다(자료: 2016~2026 중장기 인력수급 전망). 하지만 장기적인 경기 침체로 공연 건수 및 횟수가 줄고, 무용가의 급여 및 처우가 더욱 악화하면서 고용시장이 점차 위축될 것으로 보인다. 또한 일부 대학의 무용학과가 폐과 위기에 놓여 있고 인구 감소와 함께 무용을 배우려는 수요가 줄고 있기 때문에 무용가의 고용은 다소 감소할 가능성이 있다.

◆ 임금수준

무용가의 평균연봉(중윗값)은 2,957만원이다
*하위(25%) 2,370만원 / 평균(50%) 2,957만원 / 상위(25%) 3,959만원

출처: 워크넷 직업정보 2019년 7월 기준

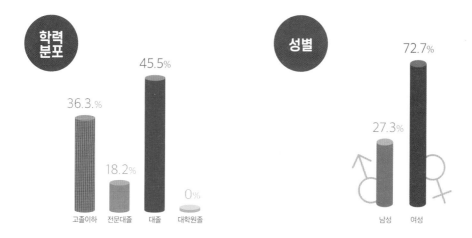

**학력
분포**

36.3.%
45.5%
18.2%
0%

고졸이하　전문대졸　대졸　대학원졸

성별

72.7%
27.3%

남성　여성

연령별

45.5%
36.4%
9.0%
0%
9.0%

20대 이하　30대　40대　50대　60대 이상

**임금
수준**

(월평균)

240만원
150만원
70만원

하위(25%)　중위(50%)　상위(25%)

자료: 통계청(2017), 『지역별고용조사』

CHAPTER

| 2 |

무용가의

생생
경험담

미리 보는 무용가들의 커리어패스

안남근 현대무용가   대전예술고등학교
무용과   >   한국예술종합학교 무용원 실기과 학사,
한국예술종합학교 대학원 무용원
실기과 석사

제이유 팝핀댄서   세종대학교
영어영문학과 학사   >   국민대학교 종합예술대학원
실용무용전공 석사

이루다 발레무용가   선화예술학교
무용과 발레 전공   >   한국예술종합학교 무용원 실기과
발레 학사,
한국예술종합학교 무용원 창작과 석사

이종률 댄스스포츠 선수   한국체육대학교
레저스포츠 학사   >   한국체육대학교 석사

김혜림 한국무용가   한국국제예술원 무용과   >   상명대학원 공연예술경영 석사,
상명대학원 공연예술경영 박사 과정

이대규 스트릿댄서   한국예술원 실용무용학부   >   슈가맨 양동근 댄서 참여,
대중문화예술상 오프닝무대 참여

Indra reinholdes kamerbalets(라트비아),
MOVER(무버) Creator,
LDP 무용단 정단원

대전예술고등학교 무용과 출강,
서울예술고등학교 무용과 출강,
한국예술종합학교 무용원 실기과 출강

한국예술종합학교 무용원
창작과 겸임교수,
리듬하츠 댄스아카데미 단장

서울종합예술실용학교 무용예술계열
스트릿댄스전공 전임교수,
SOO DANCE STUDIO 강사,
팝핀댄스팀 BEAT BUGS CREW 멤버

유니버설 발레단 II 단원

블랙토 댄스 컴퍼니 대표,
몸학교 원장

한국 교원댄스스포츠협회 출강

댄스피버스튜디오 원장,
서초구 댄스스포츠 연맹 부회장

경기도립 무용단 정 단원

Art Reem Dance 대표

청하 'Stay Tnight' 'Dream of You'
메인댄서 참여

영화 '턴더스트릿' 안무지도 및 출연

학창 시절에는 매우 내성적인 성격이었으나 브레이크댄스를 배우고 공연을 하면서 점차 변하기 시작했다. 동아콩쿠르에서 현대무용 공연에 크게 감동하면서 비보잉에서 현대무용으로 전향하게 된다. 한국예술종합학교 졸업 후 LDP무용단 입단을 시작으로 다수의 작품에 출연하며 두각을 나타냈고, 2009년부터 활발한 작품 활동을 통해 안무가로서의 영역을 넓혀갔다. 특히 2016년 제16회 LDP 무용단 정기공연 <나는 애매하지 않습니까? 당신에 대하여[부제:Swan Lake]>를 안무와 출연을 겸하며 꾸준히 자신의 예술세계를 구축해 나가고 있다. 2014년 TV 프로그램 <댄싱9>에 출연해 현대무용의 대중화를 이끌었으며 서울국제무용콩쿠르 컨템포러리 무용부문 수상 등 화려한 수상경력과 더불어 젊은 안무가로 주목받고 있다. '블레이드 앤 소울'의 뮤지컬 <묵화마녀 진서연>, <콜라보M>에서 테너 김세일 & 안남근의 <겨울 나그네>와 드라마 등 여러 장르와의 협업 및 안무감독으로서의 작업도 꾸준히 이루어 내고 있다. 또한, 2018년부터는 국립현대무용단에서 무용가와 안무가로도 활발히 활동하며 한국예술종합학교 등에서 후학 양성에도 힘쓰고 있다.

안남근 현대무용가

현) 프리랜서 현대무용가
- 한국예술종합학교 무용원 실기과 출강
- 서울예고/대전예고 무용과 출강
- 전) LDP 무용단 정단원, 국립현대무용단 단원
- MOVER(무버) Creator
- Indra reinholdes kamerbalets(라트비아)
- 한국예술종합학교 무용원 실기과 학사/석사
- 대전예술고등학교 무용과 졸업

수상
- 2020년 제41회 서울무용제 남자 최고 무용가상
- 2012년 제41회 세종무용콩쿠르 안무상 외 다수

무용가의 스케줄

안남근
현대무용가의
하루

08:00 ~ 10:00
▸ 기상 후 간단한 스트레칭

21:30 ~
▸ 휴식 및 취침

19:30 ~ 20:30
▸ 개인 레슨
20:30 ~ 21:30
▸ 공연 연습

10:00 ~ 12:00
▸ 학교 강의
12:00 ~ 14:00
▸ 강의

14:30 ~ 19:30
▸ 공연 연습

14:00 ~ 14:30
▸ 간단한 휴식 후 이동

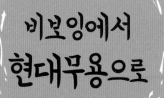
비보잉에서
현대무용으로

▶ 어린시절

▶ 어린시절

▶ 콩구르에서 열연 중

어린 시절에 어떤 성향이었나요?

초등학교 시절엔 내성적인 편이었어요. 말을 하는 것도 부끄러워서 고등학교 때까지 음식점에서 음료 리필 요청도 못 할 정도로요. 좋아하는 것들을 표현하고 싶은데 앞에 나서는 것은 부담스러웠기에 패션과 그림으로 저를 표현했었죠. 중학교에 진학한 뒤 한 친구의 제안으로 브레이크댄스를 시작하게 되었어요. 몸을 움직이다 보니 마음이 치유 되는 느낌이 들면서 성격이 점차 변화되기 시작했고, 사람들과 대화가 되는 것을 느낄 수 있었어요. 고등학교 진학을 앞두고 예고에 진학하면 춤을 계속 출 수 있다는 말에 예 고에 진학하게 되었습니다.

Question 비보잉으로 시작했는데, 현대무용을 하시게 된 이유는 있을까요?

동아콩쿠르에서 현대무용을 처음 보고 그 매력에 빠지게 되었어요. 성창용 형의 무용 을 처음 본 날이었는데, 사이드 점프를 딱 뛰는 순간 엄청난 카타르시스가 느껴지더라고 요. 갈라쇼에서 무용학과 교수님의 공연도 보게 되었는데 크게 감동해서 그 스승님께 충 성을 다하며 현대무용의 길로 빠져들게 되었죠.

Question 예고 입시 준비는 어떻게 하셨나요?

그 당시에는 남자무용가가 많지 않았던 시절이기에 기본적인 체력훈련과 유연성을 갖추면 실력이 금방 올라갔거든요. 요즘은 어린 나이부터 무용을 시작하지만, 제가 예고 를 준비하던 시절엔 고등학교 1학년 때부터 시작하는 친구들이 더 많았어요. 저는 기본 기보다는 건너뛰어 배운 케이스죠. 비보잉으로 춤을 시작하다 보니 테크닉은 연습을 하 지 않아도 자연스럽게 표현이 되더라고요. 몸도 유연한 편이었고요. 그래서 예고 진학이 어렵지 않았죠.

Question 무용에 키가 중요하다는 이야기를 들었는데, 사실인가요?

저는 중학교 때 체격이 지금과 같아요. 키는 똑같고 체중은 덜 나가서 더 가벼웠었죠. 몸무게가 50~55kg 정도였으니까요. 제가 키는 170cm인데, 무용하는 친구들과 비교했을 땐 작은 편이에요. 큰 친구들은 180cm였거든요. 솔직하게 말하면 키가 작으면 콩쿠르에서 수상이 어려운 편이에요. 냉정한 얘기지만 보이는 시각예술이기 때문에 당시에는 키가 중요했어요. 한예종(한국예술종합학교)의 한국무용은 키가 선발기준의 필수요소였거든요. 지금은 조금 달라졌지만요. 제가 어깨가 넓고 다리가 길어서 신체 비율이 좋은 편이에요. 그래서 다들 키가 크다고 생각하시죠. 컴페티션 나갈 때 체격이 더 좋아 보이게 하기 위해서 팬티 의상을 많이 입었었어요. 그래서 한국예술종합학교에서 1등으로 입학했는데, 교수님께서 '1등 한 애 어디 있니? 너 왜 이렇게 키가 작니?'라며 당황해하셨던 일이 있었죠.

Question 처음 무용을 하겠다고 했을 때, 부모님의 반응은 어떠셨나요?

처음 춤춘다고 말씀드렸을 때 어머니가 걱정하시며 학교로 찾아오셨어요. 평소 담임선생님께서 제가 열심히 춤추는 모습을 보면서 춤에 대해 진지하게 생각하고 있다는 것을 인지하고 계셨고, 감사하게도 어머니께 잘 전달해주셨어요. 그때부터 어머니께서 제가 나가는 대회에도 찾아오시고, 지켜보시면서 정말 진지하게 무용을 생각하고 있다는 것을 알고 지원을 해주시기 시작하셨어요. 만화만 그리던 어린 시절의 모습을 보시다가, 무용하며 생기를 찾은 저의 모습을 보셨기에 부모님 마음에 변화가 생기지 않았을까요?

현대무용가가 되고자 생각했던 시기가 있나요?

정확하게 현대무용가가 되어야 한다고 생각했던 시기가 있는 건 아니었어요. 다른 목표가 있었죠. 시기별로 원하는 목표를 세우고 이뤄내는 편이었는데 고등학교 때는 '대학 진학'과 '컴페티션 1등'이라는 두 가지 목표가 있었어요. 이 두 가지 모두 이뤄냈고요. 대학에 진학한 이후의 목표는 군대 면제였죠. 단순히 군대에 가기 싫어서가 아니랍니다. 콩쿠르에서 1등을 하면 군 면제를 해주는데, 군 면제가 그해의 가장 최고의 무용가라는 걸 증명하는 것이거든요. 그것도 이뤄냈죠. 그 이후의 목표는 해외에 나가서 이름을 알리는 거였어요. 실제로 28살 즈음, 해외에 나가서 활동했는데 큰 반응을 끌지는 못했어요.

Question **해외 활동에서는 어떤 경험을 하셨나요?**

처음 해외에 나가서는 발레단에 오디션을 많이 넣었었어요. 발레를 늦게 시작해서 정석이 아닌 데다가, 발레단은 보편적인 무용가를 많이 뽑는데 저는 개성이 강한 편이라 오디션에서 다 떨어졌었죠. 그러던 중, 라트비아에서 프로젝트를 하는데 함께 하자는 연락을 받고 활동을 했었어요. 무용가 5명이 4개의 장면으로 나뉜 작품 속에서 각자 30분씩 주인공을 맡으며 서로 서포팅을 해주는 작품이었어요. 발레는 자꾸 뛰잖아요. 움직임도 너무 많고 동작이 크다 보니 체력적으로 매우 힘들더라고요. 현대무용은 눕기도 하고, 구르기도 하면서 체력을 조절할 수가 있거든요. 제가 생각했던 것이랑 아주 달랐죠. 일 년 동안 방황하면서 그 무용단에 3개월, 인스브루크라는 컴퍼니에서 작품 지도하며 1달 정도 있었어요. 비자가 끝나서 한국 들어왔다가 다시 나가려고 했어요. 그때 한국에 진돗개 발령이 나면서 외신이 예민하던 시기였는데, 초대장이 안 와서 다시 못 나가게 됐죠.

진로 선택하는 과정에서 영향을 준 사람이 있나요?

앞에서 잠깐 말씀드렸던 성창용 형과 이용우 형이 롤모델이었어요. 무용계에서 가장 큰 콩쿠르인 동아콩쿠르에서 성창용 형의 무용을 처음 보았고 형이 사이드점프 뛰는 것을 본 뒤로 하루에 30번 이상 뛰면서 매일 사이드점프를 연습했어요. 그 당시에 모두가 사이드점프에 열광했었거든요. 체공 시간도 그렇고 다리의 각도도 신경 쓰며 매일 연습을 한 영향인지, 지금 제 특기가 점프가 되었어요. 인스타에 종종 남근이의 테크닉교실이라고 장난으로 올리는 영상 중에도 사이드점프 영상이 있을 정도로요.

그다음 해에는 동아콩쿠르에 이용우 형이 나왔어요. 외모도 멋지고 바닥을 구르는 동작을 하는데 너무 세련되고 멋있는 거예요. 그때 구르기에 꽂혀서 바닥에서 안 일어나고 매일 구르는 걸 연습했어요. 제가 좋아하는 두 사람이 모두 한예종에 진학하더라고요. 두 사람 덕분에 한예종을 알게 되었고 관심이 생겼죠. 다른 대학의 무용가들은 무용 스타일이 비슷한 편인데, 한예종은 사람마다 색깔과 스타일이 다 다른 거예요. 개성이 있는 무용가들을 보니, 어떻게 가르치는지에 대해 궁금증이 생기더라고요. 저랑 잘 맞겠다는 생각도 들고요. 그때 마침 한예종 콩쿠르 1회가 생겼어요. 콩쿠르에서 3등 이내에 들면 수시를 볼 수 있는 자격이 주어졌거든요. '1등 해서 여기 꼭 가야겠다.'라는 목표를 세우고 콩쿠르에 참여해서 7월에 수시에 합격했죠.

▶ 공연 연습

▶ 공연 연습

모든 무용은
서로를 비춘다

▶ 공연 연습

롤모델이 항상 있으셨는데, 한예종 입학 후에도 롤모델이 있었나요?

대학생이 된 이후로 잠시 롤모델이 보이지 않았어요. 대학교에 입학했을 때, 동아 콩쿠르 대회에서 1등을 하다 보니 은연중에 자만심도 생겼던 것 같아요. 그런데 대학에서 발레 수업을 하는데 제가 아무것도 할 수가 없는 거예요. 동기 중에 최수진이라는 친구가 있었는데 발레를 전공했었거든요. 수진이가 저에게 새로운 자극을 주는 롤모델이 되었죠. 제가 봐도 발레를 너무 잘하더라고요. 발레가 기초를 잡는 데 중요하다고 생각하기도 했고, 수진이를 이기고 싶어서 발레를 더 열심히 했었죠. 얼라이먼트라던지, 코디네이션 같은 것들이 어떻게 진행이 되고, 어떻게 움직여지는지 구조를 알아야 어떻게 변형시킬지 알게 되는 것 같아요. 그래서 현대무용 실기과에 있으면서도 발레클래스를 하루에 3개씩 들을 정도로 더 집중했고, 기본기를 다지기 위해 노력했어요. 그런 면에서 수진이는 롤모델이자, 서로에게 좋은 자극이 되는 동기였어요. 사실 댄싱9도 수진이가 나가자고 해서 나갔었어요. 공연 도와달라고 해서 도와주던 중에 댄싱9에서 연락이 왔었는데, 수진이가 자기도 나가니 한번 나가보자며 제안을 했죠. 그렇게 지원을 하게 되었어요.

▶ 공연하는 모습

현대무용가로 데뷔한 시기는 언제였나요?

'현대무용가로 데뷔한다.' 이렇게 말하기는 좀 어려운 것 같아요. 어떤 분들은 본인이 '현대무용가다.'라고 하시는데, 저는 무용을 하면 할수록 '모든 것이 현대무용이 될 수 있다.'라는 생각이 들더라고요. 그래서 사실 '춤이 뭐야?'라는 질문에 대답을 못 하는 시기가 왔어요. 그래서 그것에 대해 1년 동안 고민을 하고 그 고민의 저만의 해답을 '댄서 수'라는 작품을 통해 표현하기도 했었죠. 춤이라는 건 우리 주변 어디에나 있는 것 같아요. 그렇기 때문에 '내가 현대무용가다.'라고 딱 정의할 수 없겠다는 생각이 들었어요. 누구나 예술가가 될 수 있으니까요. 그래서 학생들을 가르칠 땐 '나는 지식을 공유하는 선생님이야.'라고 마인드 세팅을 하고, 공연할 때는 캐릭터에 몰입하면서 주어진 환경에 따라 자신을 세팅하는 편이에요.

Question **현대무용가로서 어떤 경험을 하셨나요?**

<댄싱9> 출연 이후로는 공연 활동이 엄청 많았어요. 학교 LDP무용단에서 활동을 가장 오래 했었죠. LDP무용단에 소속되어 있을 때, 저의 스케줄은 아침에 일어나면 예고 가서 수업하고 여기저기 레슨을 하고, 저녁에 레슨을 받는 것이 일상이었어요. LDP무용단을 나온 뒤로는 프리랜서로 활동했는데 오전에 강의를 진행하고 오후에는 공연 연습을 했죠. 한 번에 4개의 공연을 몇 달씩 준비할 정도로 공연이 많았어요. 그 뒤로는 국립현대무용단에 들어갔었는데, 2년 동안 어마어마한 양의 공연을 했던 것 같아요. 한 달에 4번 정도? 투어가 진짜 많았어요. 연습도 하고, 전국 투어에, 제 안무까지 짜야 하는 스케줄이어서 체력적으로 아주 힘들었죠. <댄싱9> 덕분에 제 역할이 많이 늘어났던 것은 맞는 것 같아요.

LDP무용단은 어떻게 들어가나요?
그곳에 오래 계셨는데, 그 이유가 있나요?

한예종 출신에게 자격이 주어지고, 오디션을 봐야 해요. 소속된 인원은 약 18명~20명 남짓이고, 저보다 더 오래 있는 친구들도 있어요. 13년 정도? 동문 무용단이고 학교 선배들이 LDP무용단를 당연하게 거쳐 가시니까 저도 자연스럽게 들어가게 되었죠. 무용단에 있으면 교수님들의 도움도 받으면서 작업도 계속할 수 있는 장점이 있어요. 대부분 춤을 잘 추니까 같이 춤출 때 다른 무용단에 비해 자신감이 더 높아지는 편이었죠. LDP무용단을 나와서 보니 너무 편하게 무용을 했다는 생각이 들더라고요. 다른 친구들은 치열하게 살고 있었는데 저희는 한예종에서 레슨도 받고 공연도 하면서 돈도 벌 수 있는 약간 온실 속의 화초 같은 곳이랄까요? 한예종 울타리를 벗어나니까 연락이 줄어들긴 하더라고요.

Question

LDP무용단을 나와서 아쉬운 건 없으신가요?

아쉬운 건 없어요. 사실 '더 빨리 나올걸.' 하는 생각을 했죠. 잘 알고, 무용을 잘하는 친구들이 모여있으니까 무용가끼리 아이디어도 잘 내고, 금방 안무를 만들고 어려움을 겪을 일이 적었죠. 큰 힘듦이 없는 편이었어요. LDP를 나오고 나니 서로를 잘 모르는 무용가들과 공연을 준비하게 되잖아요. 서로 알려줘야 하고 맞춰야 하는 과정들을 마주하게 되더라고요. 근데 그 과정이 더 가치 있게 느껴지는 거예요. 함께 땀 흘리며 호흡을 맞춰가면서 완성도를 높이고, 그 과정에서 저도 모르게 새로운 것들을 배우고 채워가는 가치 있는 시간을 경험했죠. 배우고 도전하는 일, 제가 모르는 것들을 새롭게 만들어가는 것이 의미 있게 느껴졌어요.

▶ 공연 연습

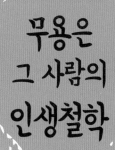
무용은
그 사람의
인생철학

▶ 공연하는 모습

▶ 공연하는 모습

Question 지금까지 했던 공연 중 가장 기억에 남는 공연이 있나요?

공연을 많이 해서 고르기가 어렵기는 한데, '댄서하우스'가 가장 기억에 남아요. 그 당시에 제가 사람들 앞에서 말하는 것에 부담을 느꼈었거든요. '댄서하우스' 공연 전에 '글로리'라는 작품을 하면서 무대에서 처음 말을 해봤는데, 무대에서 말을 하는 게 생각보다 재미있더라고요. 그래서 '댄서하우스'에서 30분 동안 관객들에게 말도 하고, 춤도 추면서 스탠딩코미디처럼 공연을 진행했어요. 인생 이야기와 춤을 추면서 저의 인생 이야기를 관객들과 소통할 수 있어서인지 '댄서하우스'가 가장 기억에 남네요.

Question 평소에 긍정적으로 생각하시는 편인 것 같은데요?

춤에 있어서는 긍정적인 편이에요. 사실 대체로 긍정적인 편이기도 하죠. 대부분의 애니메이션 속의 주인공들이 전달하는 메시지는 '잘 될 거야'라는 의미가 많잖아요. 어릴 때부터 많이 본 애니메이션의 영향이 아니었을까 하는 생각을 하죠. 긍정적인 사고와는 달리, 작품을 준비할 때의 감정은 오히려 반대인 것 같아요. 감정이 즐거울 때 작품이 잘 나오지 않더라고요. '베르테르' 작품 같은 경우에 제가 우울한 감정을 느낄 때 표현이 더 잘 나왔었어요. 그래서 '베르테르' 작품을 준비하던 시기에는 매일 아침 이런 생각을 했었어요. '넓은 들판에서 나는 총에 맞아 죽었다.' 이런 생각이요. 매일 반복하다 보니 어느 순간 사람이 마음에 구멍이 나고, 텅 비어버린 것 같은 감정들이 올라오더라고요. 그러면서 조금씩 '베르테르' 공연에 더 깊은 집중을 하면서 어떤 슬픔을 표현해야 할지 조금씩 알아가게 되었어요. 참여하는 작품에 따라서 어떤 감정들을 가져가야 할지 일상 속에서 쥐어짜면서 공연에 집중하고자 노력하는 편이죠.

 **Question** **현대무용가로 활동하면서 가장 보람을 느끼는 순간은 언제인가요?**

공연이 끝나고 관객들이 하는 이야기들이 있잖아요. '멋있었어요. 잘 봤어요.' 이런 이야기들. 그런데 가끔 이런 이야기를 하시는 관객분들이 계세요. '남근 씨의 공연을 보고 에너지를 얻고 갑니다. 감사합니다.' 이런 이야기. 그 말을 들으면 오늘 공연으로 인해 '나의 움직임이 그 사람의 힘든 마음을 치유해줬구나. 내가 누군가에게 선한 영향력을 끼쳤구나.' 하는 생각을 하면서 큰 보람을 느끼게 되더라고요. 저도 함께 활력을 얻기도 하고요. 그래서 팬분들과 소통을 많이 하는 편이에요. 이전에는 연말 파티도 하고 그랬었는데, 요즘 코로나 때문에 못 만난 지 오래돼서 좀 아쉽죠.

Question **앞으로의 목표는 무엇인가요?**

할 수 있을지는 모르겠지만, 한 단체의 리더가 되고 싶은 꿈을 갖고 있어요. 가능하다면 국립현대무용단의 단장이 되어 한 획을 그어보고 싶어요. 무용가들에게 페이도 정당하게 주면서 제가 하고 싶은 세계관을 넓게 펼쳐보고 싶은 생각을 해봤죠. 교수와 같은 직업은 저한테는 안 맞을 것 같더라고요. 오랫동안 현장에서 무용가들과 함께 뛸 수 있는 곳에서 일하고 싶어요. 지금까지 제가 생각하는 최고의 안무가들과 함께 작업해오면서 무용가로서의 다양한 경험을 쌓아왔어요. 컴페티션을 너무 많이 나가다 보니 안무 경연대회를 나간 경험은 상대적으로 적었죠. 안무는 그 사람의 생각과 표현방식을 담는 건데, 목적만을 위해서 작품을 만들어야 하는 게 싫은 거예요. 평가를 위한 안무 창작을 하고 싶지 않았죠. 나쁘다는 것은 아니지만, 제 방식대로 표현하는 안무를 만들고 싶은 마음이 더 컸었죠. 저 스스로 안무 지도를 할 수 있다는 확신이 안 들었기도 했고요. 그런데 좋은 안무가들과 함께 작업하다 보니 슬슬 내 안무를 해볼 수 있겠다는 생각이 조금씩 들면서, 틀을 벗어난 저만의 안무를 만들고 싶다는 생각이 들어요.

현대무용가의 꿈을 지닌 학생들에게
해주고 싶은 말씀이 있나요?

　개인적으로 저는 '현대무용가가 되고 싶어.'는 꿈이 아니라고 생각해요. 오히려 어떤 사람이 되고 싶은지를 먼저 생각했으면 좋겠어요. 더불어 예술가가 되고 싶은 것인지 혹은 몸을 움직이는 무언가를 하고 싶은 것인지도 진지하게 생각해 볼 필요가 있다고 생각해요. 직업이 아닌 '나'를 중심으로 먼저 생각해보기를 권합니다. 현대무용에 관심이 많다면 미술사조나 혹은 사회에서 일어나는 현상에 관심을 두고 공부하면 자신만의 무용 색깔을 찾는 데 도움이 될 거예요. 이런 공부가 이 시대에 필요한 아티스트, 예술가가 될 수 있는 기반이 되어 줄 거예요.

　그리고 다양한 경험을 해보는 것을 추천해요. 무용하는 사람들도 여러 가지 경험을 해본 사람들이 있어요. 저의 경우는 무용만 했던 점이 아쉬웠던 적이 있었거든요. 무용가가 춤을 출 때 '이 무용가가 어떤 인생을 살았을까?'가 궁금해지는 무용가가 되어야 한다는 교수님의 말씀이 기억에 남아요. 다양한 경험이 움직임을 통해 표현하는 데 있어서 도움이 많이 되기 때문이죠. 본인이 찾지 않으면 경험할 수 없잖아요.

　마지막으로, 힘든 시기를 잘 극복할 수 있는 마음을 가졌으면 좋겠어요. 힘든 시기는 누구에게나 오잖아요. 권태기처럼요. 그것이 어떠한 경험이든 잘 소화해내면 어떠한 방향으로 나아갈 수 있다는 원동력이 되더라고요. 저는 춤에 관해 이야기하는 것과 예술 작업을 즐기는 편이에요. '내가 왜 춤과 예술이 하고 싶은지'를 잘 알기 때문에 그 마음을 계속 지속할 수 있다고 생각해요. 그게 힘든 시기를 극복하는 힘이 되어주기도 하고요.

초등학생 시절부터 춤을 취미로 추다가 중학교 2학년 때 춤을 전문으로 하는 댄서들을 보고 나서 댄서를 꿈꿨다. 상대적으로 문화적 경험을 많이 할 수 없는 지방에서 자랐기에 춤을 추고 싶은 마음에 빨리 서울을 올라가려고 하였다. 그래서 대학교를 서울로 진학하였고 동경하던 댄서들을 찾아다니고 대회에 참가하면서 댄서로서의 경력을 시작했다. 군대에 다녀온 후 현재 소속되어 있는 팀(BEAT BUGS CREW)의 멤버로 들어가면서 많은 공연과 대회를 통해 팝핀댄서로서 더욱 전문적인 활동을 했다. 학원에서 수업도 하고 해외에서 공연과 대회 참가 등 중학교 시절부터 꿈꾸던 삶을 보내기 시작했다. 모든 일이 순조롭지만은 않았지만 댄서로서의 삶을 포기하거나 그만두고 싶다고 느낀 적은 없었다. 수업을 나가던 학원에서 단장으로서 역임하며 학원경영에 간접적으로 참여하는 좋은 기회도 얻게 되었다. 그 이후에 여러 학교에서도 강의를 진행하면서 선생님, 교수의 역할도 맡게 됐다. 댄서와 교육자의 역할에 충실하며 활동하다 보니 더 많은 기회가 찾아왔다. 현재 근무 중인 서울종합예술실용학교로부터 전임교수 제안을 받아 교수로서 즐겁게 근무하고 있다. 항상 초심을 잃지 않고 주어진 역할에 감사하며 최선을 다하는 댄서이자 교육자로서 살고 있다.

- -

제이유 팝핀댄서

현) 서울종합예술실용학교 무용예술계열
    스트릿댄스전공 전임교수
현) 팝핀댄스팀 BEAT BUGS CREW 멤버
현) SOO DANCE STUDIO 강사
- 한국예술종합학교 무용원 창작과 겸임교수
- 리듬하츠 댄스아카데미 단장

공연
- 2018 사물놀이 40주년 기념 문화체육관광부 주최
    <All for One, One for All> 공연 외 다수

무용가의 스케줄

제이유
팝핀댄서의
하루

23:00 ~
▸ 취침

07:30~08:40
▸ 기상
▸ 아침 식사 출근 준비

18:30 ~ 21:30
▸ 퇴근 후 개인 연습
▸ 웨이트 트레이닝
21:30 ~ 23:00
▸ 개인 시간

10:00 ~ 11:00
▸ 회의
▸ 실기수업 준비
11:00 ~ 14:00
▸ 팝핀 커리큘럼
실기강의

15:00 ~ 18:00
▸ 학생 상담
▸ 학교 업무

14:00 ~ 15:00
▸ 식사 및 휴식

댄스로
축제를
장악하다

▶ 학창시절

▶ 학창시절

▶ 공연하는 모습

어린 시절부터 독립심이 강하셨다고요?

네. 상당히 독립심이 강하고 하고 싶은 일이 있으면 꼭 해야 하는 성격이었어요. 스스로 무언가를 해내는 편이라고 할까요? 부모님께서 저에게 '어떤 직업을 꿈꿔라, 어떤 사람이 되어라.'라는 말씀은 안 하셨어요. 저 자신이 춤의 매력을 느끼고 스스로 댄서가 되어야겠다는 꿈을 키워나갔어요. 하고 싶은 일은 꼭 해야 했기에 어린 시절부터 춤을 췄고요. 어린 시절의 이런 성향이 지금까지도 이어지는 것 같아요. 중요한 결정을 해야 할 때, 항상 내가 진심으로 하고 싶다고 느끼는지를 생각하고 결정하는 편이에요. 직업 선택에 있어서 하고 싶은 마음으로만 선택하면 안 된다고 이야기하는 사람들도 많지만, 저는 직업에 대한 저의 진심과 마음가짐이 가장 중요하다고 생각했어요.

Question

원래 장래 희망은 무엇이었습니까?

중학교 때부터 안무가나 댄서가 되고 싶다고 생각했어요. 부모님께서는 저에게 원하시는 직업은 크게 없었는데, 지금 생각해보면 대학교에서 영어를 전공했었기 때문에 '영어 교사가 될 거라고 기대하시지 않았을까?' 싶기도 해요. 어린 시절부터 댄서를 꿈꾸게 되었던 순간이 지금도 생생하게 기억나요. 중학교 2학년 때, 우연히 비보이와 힙합댄스를 메인으로 공연하는 댄스팀을 보게 되었어요. 그 댄스팀의 공연을 보면서 너무 멋있다는 생각과 함께 '나도 저런 댄서가 되고 싶다.'라는 마음이 생겼죠

중고등학교 시절, 댄스와 관련한 경험은 어떤 것들이 있나요?

댄서가 되고 싶다는 꿈을 갖게 된 이후로 청소년 댄스대회에 참가하여 입상하게 되었어요. 그 이후엔, 지역 대표로 선발이 되어 지원을 받아 지역 대표로 다른 지역 대회에 참가하기도 했죠. 고등학교 시절에 친구들과 학교에서 팀을 만들어 공연했었는데 매년 학교 축제 무대에 섰어요. 저희 댄스팀이 점차 지역에서 유명해지다 보니, 학교로 저희 팀을 축제에 보내 달라고 요청이 들어오더라고요. 너무 많은 학교에서 요청이 들어오니까 교장 선생님께서 놀라셔서 교장실로 부르셨어요. 어떤 이유로 모든 학교에서 우리를 섭외하려 하는지 신기하다며 면담을 하셨죠. 고등학교 내내 근처 학교의 축제에 초청받아 공연을 꽤 많이 했어요.

Question 팝핀댄스를 처음 접하게 된 계기는 무엇인가요?

우연한 기회로 팝핀댄스를 접하게 되었죠. 사실 제가 평소에 좋아하던 댄서분들이 있으셨어요. 그분들께서 새로운 팀을 만드셨는데, 그 댄스팀이 구사하는 장르가 팝핀이었거든요. 좋아하는 댄서분들의 춤을 따라 하다 보니 자연스럽게 팝핀댄스를 추게 되었어요. 처음 춤을 시작하던 시기에는 우리나라에 아직 스트릿댄스의 장르가 잘 알려지지 않았어요. 스트릿댄스의 대중화가 진행되기 전이었죠. 팝핀보다는 비보이와 힙합댄스가 조금 더 접하기 쉬운 환경이었고, 저 또한 비보이와 힙합댄스를 먼저 배웠어요. 그러다 팝핀댄스를 처음 딱 추게 되었을 때, 다른 댄스들보다 훨씬 어렵더라고요. 다른 스트릿댄스들은 바로 움직임을 구사하면 되지만, 팝핍댄스는 움직임 구사와 동시에 근육을 박자에 맞춰 튕겨야 하거든요. 소위 이야기하는 '팝을 주는' 테크닉을 익히며 움직임을 구사하는 연습을 같이해야 해요. 그런 부분에서 타 장르의 댄스보다 어렵다고 생각하지만, 어려운 것을 해낼 때의 쾌감이 있잖아요. 쉽지 않으니까 오히려 매력적으로 느껴졌고 또 해내고 싶은 욕심이 생겼죠.

 댄스 관련 학과가 아닌 다른 학과로 진학하셨는데,
특별한 이유가 있나요?

제가 입시를 준비하던 시절에는 지금처럼 팝핀으로 진
학할 수 있는 학교가 존재하지 않았죠. 그래서 대학 진학을
앞두고 혼자서 어떤 전공으로 진학해야 나중에 도움이 될
지 고민했었어요. 평소에 영어 과목을 좋아하고 관심이 많
았거든요. 영어와 관련한 학과로 진학한다면 영어 능력을 더
키울 수 있고, 이후에 댄서로 활동하는 데 도움이 될 거라고 판단
했죠. 그래서 영어학과로 진학했어요.

Question   팝핀댄서가 되기까지 과정이 어떻게 되시나요?

영어를 전공하면서, 대학교 시절부터 댄서로서 여러 가지 활동을 했어요. 팝핀과 관련
된 전공을 이수하지는 않았어요. 실제로 일반대학에서 팝핀댄서만을 위한 커리큘럼이
있다고 보기는 어려워요. 댄서의 꿈을 이루기 위해 팝핀 분야에서 활발하게 활동하고 있
는 분들을 많이 찾아갔었죠. 대학교 졸업반이 되었을 때 댄서로 이미 활동을 하고 있었
지만, 수입이 넉넉한 편은 아니었어요. 그래서 진로에 대해 고민을 했죠. 깊은 고민 후,
전공을 살리기로 마음먹고 영어 교재를 만드는 회사에 취직했습니다. 약 1년 정도 회사
생활을 하면서 댄서를 병행했어요. 그런데 어느 순간, 이렇게 두 가지의 직업을 병행하
는 것은 내가 꿈꾸던 삶이 아니라는 생각이 들었어요. 하나를 선택해야 하는데, 그게 쉽
지 않더라고요. 진심으로 원하는 것을 해야 후회하지 않을 거라는 생각으로 '댄서의 삶'
을 선택했습니다.

댄서에서
교수로

▶ 학생들과 함께

▶ 학교에서 학생들과

▶ 학교 발표회 모습

▶ 학원 특강 모습

Question 현재 학교에서 강의하고 계시는데, 관련 학과의 커리큘럼을 소개해주세요.

현재 서울예술종합실용학교에서 강의를 진행하고 있어요. 대학교에서 댄스 관련 교육을 직접 받아보지 않았기 때문에 경험에 기반을 둔 이야기는 할 수 없어 아쉬운 마음이에요. 그래도 현재 가르치는 입장에서 해줄 수 있는 이야기가 있어요. 일단 기본기에 대한 이해와 꾸준한 트레이닝이 기본적으로 진행되는 커리큘럼이 있어요. 그 이후로는 창작 안무와 같은 응용할 수 있는 과제들을 제공하여 학생들에게 심화 교육을 진행하죠. 더불어 학교 발표회 등의 행사를 통해 학생들이 스스로 공연을 만들고 무대에 오르는 경험을 쌓을 기회를 제공합니다. 팝핀댄서를 꿈꾸는 학생들이라면 기본기 동작들과 팝핀을 하는 방법 자체를 잘 연구하기를 추천해요. 옳지 않은 방법으로 무작정 연습을 하며 시간을 보낸다면 투자한 시간에 비해 실력이 전혀 늘지 않을 거예요. 그게 팝핀이라는 춤의 특성인 것 같아요. 기본 동작과 팝핀댄스의 원리를 이해하고 옳은 방법으로 연습해야만 실력이 향상되는 것을 느낄 수 있어요. 본인만의 색깔을 찾는 연습을 하길 바랍니다.

Question 팝핀댄서로 데뷔한 것은 언제였나요?

꽤 오래전에 데뷔했어요. 무대 경험은 1997년도부터 시작했고, 팝핀댄서로서 데뷔한 시기를 따져보면 2003년이었던 것 같아요. 20살에 팝핀댄서로 데뷔했다고 볼 수 있죠. 군대를 다녀온 이후에 지금 활동하고 있는 BEAT BUGS CREW라는 팝핀댄서팀에 합류하게 되었어요. 그 팀에 합류한 이후로 활발하게 활동해왔죠.

팝핀댄서로서 활동했던 경험을 이야기해주세요.

댄스팀으로는 중고등학교 때 직접 리더로서 이끌어온 C.I Crew 라는 팀이 있어요. 리더로서 활동하면서 리더십을 키울 수 있었던 좋은 경험이었죠. 그 이후로는 서울에 처음 올라오자마자 같이 팝핀을 배우던 선배들과 댄스팀을 결성했어요. 'Funkholics'라는 팀이었죠. 현재는 위에서 말씀드렸던 'Beat Bugs Crew'에 합류하여 가장 오랜 활동을 이어나가고 있답니다. 댄서팀 이외의 경험도 했어요. 처음에는 학원에서 수업을 진행하면서 경험을 넓혀갔어요. 팝핀으로 수업을 진행했던 첫 번째 학원은 '비트믹스 스튜디오'였어요. 그 이후로 '트립페밀리', '익스프레션 댄스학원' 등 다양한 학원에서 강사로 활동했었죠. 그러던 중에 '리듬하츠 댄스 스튜디오'에서 단장직을 맡게 되어 수업뿐만 아니라 전반적인 경영에도 관여하게 되었어요. 대회나 발표회 등의 행사를 진행하며 춤과 관련한 업무를 진행하면서 동시에 학부모님들과의 입시 상담 등의 업무도 수행했어요. 폭넓은 경험을 쌓았던 시간이었죠. 학교에서 한 강의는 '동서울대학교'에서의 수업이 첫 경험이었어요. 그 이후에 '한국예술종합학교'에서 겸임교수로 무용원 창작과 학생들을 가르쳤죠. 현재는 '서울종합예술실용학교' 무용예술계열 스트릿댄스전공에 소속되어 학생 교육을 하고 있고, 가장 오랜 시간 동안 교육을 담당해오고 있죠.

▶ 팀 단체 사진

수상했던 대회와 출연했던 공연은 어떤 것들이 있나요?

대회는 약 10년간 출전했었고, 공연은 무대공연과 방송공연을 나누어서 이야기할 수 있을 것 같아요. 활동한 기간이 길다 보니 출연했던 공연들도 꽤 많네요. 아래 목록을 참고해주세요.

수상

- 2016 I-PS Jam Session Vol. 04 우승
- 2012 Battle LOUD Poppin' 2:2 Battle 준우승
- 2012 Euro Battle 한국대표 선발전 4강
- 2008 B-Boy Challenge 4강
- 2007 Korea Poppin' Session 우승
- 2006 Performance of the Year 준우승

공연 (Stage Performance)

- 2019 경원대학교 E.PU 정기공연, 한국
- 2019 Street Jam, 한국
- 2019 Feel the Funk, 한국
- 2018 Street All-round Championship Performance, 한국
- 2017 City of Heaz, 한국
- 2017 Groove Line, 오키나와, 일본
- 2017 Street All-round Championship Performance, 한국
- 2015 City of Heaz, 한국
- 2013 Feel The Funk, 한국
- 2013 Funk All Night, 한국
- 2013 Channel Underground, 한국
- 2012 Waacker's Night, 한국
- 2012 To The Top, 한국
- 2012 R16 Korea Electric Boogaloos Suga Pop Showcase, 한국
- 2012 Groove Line, 오키나와, 일본
- 2012 Street Life, 한국
- 2012 Waakers Night, 한국
- 2011 Channel Underground, 한국
- 2011 Keep Dancing, 한국
- 2010 Cypher, 제주도, 한국
- 2010 Korea Poppin' Session, 한국
- 2009 Holiday in Waacking, 한국
- 2009 서울대학교 H.I.S 정기공연, 한국
- 2009 Holiday in Waacking, 한국
- 2009 Max Party, 카오슝, 대만
- 2008 City of Heaz, 한국
- 2008 Street Life, 한국
- 2006 Zippo Hot Tour, 한국
- 2003 Amatuer Dancers Battle, 한국

공연 (Broadcast/Commercial)

- 2018 사물놀이 40주년 기념 공연 문화체육관광부 주최, All for One, One for All, 국회, 한국
- 2018 울산 MBC 경성스캔들, 한국
- 2009 가수 Clazziquai Project (클래지콰이 프로젝트) 4집 <Mucho Punk> KBS/SBS, 한국
- 2009 가수 Clazziquai Project (클래지콰이 프로젝트) 4집 <Mucho Punk> Concert Tour, 도쿄, 일본
- 2007 <넌버벌 퍼포먼스 B-Boy Korea>, (주) PMC, 한국
- 2006 가수 Wax (왁스) Christmas Concert, 한국
- 2005 Puma Watch Lunching Party, 한국

현재 하시고 계신 일에 대한 설명을 부탁드립니다.

현재는 학교에서의 전임교수로 활동하고 있는 것이 가장 큰 비중을 차지하고 있어요. 학교에서 팝핀댄스 커리큘럼을 기반으로 학생들 수업을 진행하고 있죠. 학생들 수업 이 외에도 학교 및 전공 커리큘럼을 세우고 강의계획서를 작성해요. 또한, 전공과 관련한 홍보 등의 실무적인 업무까지도 진행하고 있답니다. 더불어 정기적인 진로 및 고민 상담 을 진행하여 학생들의 진로 설계에 도움을 주려는 역할도 해요. 현재 소속된 학교에서는 직책이 전임교수로 통일되어 있습니다.

▶ 졸업생과 함께

▶ 학교 발표회에서

▶ 수상 기념사진

안정보다는
가슴을
뛰게 하라

▶ 공연하는 모습

▶ 공연하는 모습

팝핀댄스가 브레이크댄스, 힙합댄스와는 어떤 차이가 있나요?

케이팝이나 팝음악이 장르가 서로 다른 것처럼, 댄스와 음악은 시대마다 다르게 표현됩니다. 팝핀, 브레이크댄스(흔히 비보이), 힙합댄스는 스트릿댄스(Streetdance)라는 큰 범주에 속합니다. 팝핀은 70년대부터 유행한 Funk 음악이 유행하면서 시작된 댄스 장르예요. 비보이는 80년대의 브레이크비트, 힙합댄스는 90년대의 힙합 음악과 함께 시작되었죠. 서로 시작된 시대와 음악 장르가 다르지만, 이 3가지 춤은 서로 어느 정도의 영향을 주고받았어요. 그래서 일반인들의 시선에서 바라보면 3가지 춤의 차이점이 무엇인지 인지하고, 구분하는 것은 어려울 수 있어요. 게다가 팝핀은 70년대부터 시작했지만, 요즘 시대에 팝핀댄스를 추는 댄서들은 동시대의 음악에 영향을 받죠. 그래서 70년대에 시작된 팝핀과는 조금 다른 음악의 영향을 받아 발전되어가고 있답니다.

Question **가장 기억에 남는 공연이 있나요?**

모든 공연이 다 기억에 남아요. 그래도 기억에 남는 공연을 뽑는다면 'Feel the Funk'라는 배틀 대회에서의 게스트쇼이지 않을까요? 일종의 축하공연이었죠. 지금까지 총 3번의 공연을 진행했어요. 3번 중에 가수 Sienna(정근영)님과 콜라보레이션으로 꾸민 공연이 있었거든요. Sienna(정근영)님의 라이브 노래에 혼자 춤을 추는 공연이었는데, 그 공연이 특히 기억에 남네요.

Question 팝핀댄서로서 가장 보람을 느끼는 순간은 언제인가요?

참가한 대회에서 그동안의 연습과 노력의 성과를 거둘 때 큰 보람을 느껴요. 팀원들과 함께 땀 흘린 시간에 대한 보상을 받은 기분이 들죠. 그리고 강의나 수업을 통해 만난 학생들과 오랜 시간을 이어나가는 경우가 있어요. 학생과 선생님으로 만났지만, 소중한 인연으로 이어지면 '가르칠 때 학생들을 향한 나의 진심이 통했구나.'라는 생각이 들어서 보람을 느끼게 되더라고요. 교육자의 역할을 잘 해내고 있다는 생각이 들면 뿌듯하죠.

Question 팝핀댄서로서 앞으로의 비전을 말씀해주시겠어요?

현재 팝핀댄서로 사는 삶과 팝핀댄스를 통해 교육자로 사는 삶, 2가지 삶을 살고 있어요. 이 2가지는 서로 큰 영향을 주는 동시에 꽤 독립적이기도 해요. 일단, 팝핀댄서로서 앞으로의 목표는 뻔한 이야기일 수 있지만, 과거의 나보다 더 춤을 잘 추는 댄서가 되는 거예요. 발전을 게을리하지 않고, 더 완벽하고 발전하는 팝핀댄서가 되고 싶어요. 그래서 지위나 나이, 결과와 상관없이 기회가 되다면 최대한 많은 대회에 참가하고, 창작 활동을 지속하려고 해요. 더 오랜 시간 댄서로 사는 삶을 살기 위해서는 신체, 체력도 받쳐줘야 하겠죠. 그래서 신체적 발전을 위해 운동도 꾸준히 하고 있답니다. 개인적인 댄서로서의 춤의 발전을 넘어 교육자로서의 역량도 더 높이고 싶어요. 인문학적인 공부도 게을리하지 않고 꾸준히 수행하고 있어요. 춤과 관련한 지식과 경험만 전하는 선생님이 아니라, 학생들에게 더욱더 폭넓은 내용을 전할 수 있는 지혜로운 선생님 혹은 선배의 역할을 해주고 싶답니다.

Question 팝핀댄서를 꿈꾸는 학생들에게 힘을 줄 만한 조언 한 말씀.

팝핀댄서를 꿈꾸는 학생 여러분! 우선 여러분의 꿈과 도전을 응원합니다. 춤을 춘다는 것, 예술을 한다는 것은 쉽지만은 않은 길이라고 생각해요. 하지만 여러분은 누구보다도 춤을 추길 원하고, 그 마음이 진심이라면 어려움을 직면하더라도 충분히 잘 이겨내고 꿈을 이룰 수 있을 거예요. 사람들은 '안정적이다.'라는 말을 대체로 좋아하죠. 그리고 기성세대일수록 학생들이 도전적인 삶을 추구하고 좇으려고 하는 모습을 보면 부정적인 시선으로 바라보는 것 같아요. 하지만 그런 사회적인 분위기와 시선으로 안정감을 찾으려고 노력할 필요는 없다고 생각해요. 사실 그 어디에도 완벽한 안정은 없기 때문이죠. 세상이 빠르게 변하고 있잖아요. 모든 것은 상대적일뿐더러 같은 상황 속에서도 '어떻게 생각하고 행동하느냐'가 제일 중요하거든요. 꼭 팝핀댄서가 아니더라도 여러분의 가슴을 뛰게 하는 목표를 향해 달려 나가세요. 그래야 최선을 다할 수 있고 혹여나 '이 길이 아니다.'라는 결론이 났을 때도 최선을 다했기에 미련 없이 돌아설 수 있으니까요. 팝핀을 하면서 하나 배운 게 있다면 '정답은 없다'는 겁니다. 제 경험상 기본적으로 해야 하는 연습들과 기초훈련에만 충실하면 모든 게 잘 될 줄 알았어요. 근데 아니더라고요. 사람의 인생이 다 다른 것처럼 춤도 자신만의 색깔과 개성을 찾아야 했어요. 여러분이 자신만의 멋진 삶을 살기를 진심으로 바라며, 여러분의 미래를 응원할게요.

무용가 어머니의 지도로 4살 때부터 말보다 발레를 먼저 배웠다. 학창 시절을 클래식 발레훈련과 공부로 시간을 보냈지만, 항상 발레리나의 기준에 대한 반항심이 있었다. 유니버설 발레단에서의 2년 정도 활동 후 자신만의 발레를 추기 위해 뉴욕으로 떠난다. 춤의 개성과 다양성을 존중해주는 뉴욕에서, 억눌려왔던 자신의 춤의 정체성을 찾고 토슈즈를 블랙으로 색칠하면서 블랙토 프로젝트를 시작했다. 뉴욕 무대에 데뷔하면서 자신감을 찾았고 한국으로 돌아와 댄싱9 방송에서 블랙스완으로 이름을 알렸고 우승팀이 되면서 인지도를 높였다. 방송에 힘입어 직접 제작한 <BLACK TOE> 뮤직비디오가 화제가 되면서 기존의 화이트와 핑크 이미지의 발레에서 탈피한 새로운 발레라는 평을 받았다. "발레가 꼭 고귀하고 아름다워야만 해?"라는 질문에서 시작한 블랙토 프로젝트는, 무용가들이 합류하면서 블랙토 댄스컴퍼니로 거듭났다. 2014년 Boutique Monaco 갤러리에서 전시와 퍼포먼스가 함께 기획된 쇼케이스를 시작으로 댄스포럼 크리틱스초이스 우수작품상 수상, 2015년 외교부 지원으로 뉴욕과 홍콩 투어에 이어 서울문화재단 지원으로 백암아트홀에서 단독공연을 올렸다. 2016년, 2017년 대한민국 발레 축제에 선정된 후, 2018년에는 유럽으로 건너가 독일 탄츠테아터 국제 안무대회에서 3등 상을 받았다. 2020년, 여성을 주제로 한 'W'라는 작품이 호평을 받으며 한해에 단 한 작품이 선정되는 한국춤평론가회 올해의 작품상을 받았다. 지속해서 대중성을 지향하며 다양한 분야와 콜라보레이션, 각종 방송에서 활발히 활동 영역을 넓혀가고 있다. 무용이 대중에게 친숙하게 다가갈 수 있도록 다양한 콘텐츠 개발에 힘쓰고 있다.

이루다 발레무용가

현) 블랙토 댄스 컴퍼니 대표
현) 몸학교 원장
· 유니버설 발레단 II 단원
· 한국예술종합학교 무용원 창작과 석사
· 한국예술종합학교 무용원 실기과 발레 학사
· 선화예술학교 무용과 발레 전공

수상
· 2020 한국평론가회 올해의 작품상 수상
· 2018 독일 탄츠테아터 국제안무대회 3등 수상 외 다수

무용가의 스케줄

이루다
발레무용가의
하루

22:00 ~
▶ 휴식 및 취침

08:00 ~ 9:00
▶ 아침 스트레칭
▶ 유산소 운동

09:00 ~ 10:00
▶ 아침 식사

19:00 ~ 20:00
▶ 저녁 식사

20:00 ~ 22:00
▶ 몸학교 수업 지도

11:00 ~ 13:00
▶ 대학교 출강

15:00 ~ 19:00
▶ 공연 연습

13:00 ~ 15:00
▶ 점심 식사 및 휴식

엄마의 피를 물려받다

▶ 어린시절, 어머니와 거실 바에서

▶ 어린시절, 어머니와 함께

▶ 어머니와 함께

어린 시절, 무용가이신 어머니의 영향을 많이 받았나요?

어린 시절의 저는 내성적인 성격의 소유자였어요. 어머니의 춤을 보고는 같이 따라 하고, 집에서 항상 발레복을 입고서 까치발을 들고 다녔다는 어머니의 말씀이 기억나요. 몸의 언어를 먼저 배운 탓인지 말 습득이 늦어서 성장에 문제가 있는 줄 알고 병원에 데리고 가셨답니다. 현대무용가인 어머니의 영향으로 말보다 무용을 먼저 배웠죠. 처음 어머니께 발레를 배웠던 게 4살 때였거든요. 어머니의 스파르타 교육에도 순종적으로 따를 정도로 내성적이었죠. 집에서도 대부분 발레복을 입고 지낼 정도로, 강도 높은 발레 교육을 받았었어요. 소극적이었던 제가 발레를 통해 무대에 서게 되면 내재하여있던 에너지가 터져 나오는 것을 느낄 수 있었어요. 마치 다른 사람이 되는 것 같은 짜릿한 기분이었죠. 그때부터 무대에 중독되어 지금까지 달려오게 되었어요.

어린 시절부터 발레를 하셨는데, 무용 관련 학교에 진학하셨나요?

4살부터 어머니에게서 발레를 배웠고, 그 이후에는 UBA(유니버설발레아카데미)를 다녔어요. 그리고 자연스럽게 무용 관련 학교에 진학하게 되었죠. 선화예술중학교 무용과 발레를 졸업하고, Kirov Ballet Academy of Washington에서 연수를 받았어요. 그 이후, 선화예술고등학교에서는 발레과로 입학했다가 현대무용과로 전과를 했었어요. 현대무용을 하다 보니 발레에 대한 미련이 더 커지더라고요. 그래서 대학교는 한국예술종합학교 무용원 실기과 발레로 진학하면서 다시 발레의 길로 돌아왔어요.

한예종에서 다시 발레로 진로를 세우셨는데, 어떠셨나요?

한예종에 무용원 실기과 발레로 진학을 했지만, 막상 대학을 다니면서 전공이었던 발레수업보다 다른 수업에 관심을 두게 되었어요. 현대무용과나 창작과, 연기과 수업을 더 열심히 청강했을 정도였죠. 발레 외에도 배우고 싶은 관심 분야가 많다는 것을 깨닫게 되었던 게 대학교 시절이었어요. 총학생회에서 임원으로서 활동했었는데, 조용했던 중·고등학교 시절과는 달리 학교 행사를 기획하고 진행하는 활동을 적극적이고 주도적으로 펼쳤답니다. 아무래도 한예종 내에서의 실기경쟁이 워낙 치열하고 콩쿠르 준비에만 전념하는 월등한 학생들이 많았던 게 제 성격 변화에 영향을 많이 미쳤던 것 같아요. 치열한 경쟁과 월등한 학생들이 많은 환경 속에서 아웃사이더로 지내던 저는 남다른 활동으로 저만의 길을 찾으려는 욕구가 강했었죠. 한예종 교내발표회에서는 클래식 작품을 위주로 공연하는 친구들이 대부분인데, 그 사이에서 항상 창작안무작으로 무대에 오를 정도였으니까요. 내가 표현하고 싶은 것을 만들고 표현해낼 때 느끼는 카타르시스가 좋았고, 창작에 흥미를 느꼈어요. 어릴 때부터 어머니의 안무 활동 모습을 보고 자라온 환경의 영향도 컸던 것 같아요.

음악에도 관심이 많으셨다고요?

사실 어린 시절 저의 꿈은 가수였어요. 어머니의 영향으로 어린 나이에 무용을 접하게 되어 자연스럽게 무용에 빠지게 되었지만, 내면에 가수에 대한 열망을 품고 있었죠. 어머니가 엄격하셨기에 어린 나이에 노래를 부르면 어머니에게 혼날 것 같다고 생각했어요. 그래서 이불 속에서 몰래 흥얼거리곤 했었죠. 지금까지도 항상 음악 활동에 대한 갈증과 욕구가 있답니다.

진로를 선택할 때 영향을 끼친 부분은 무엇입니까?

어머니는 한국 현대무용계의 1세대로서 많은 업적을 남긴 무용가입니다. 삶 자체가 예술이었던 어머니의 모습이 제게 가장 큰 영향을 주었죠. 한때 '나는 왜 어머니처럼 생각할 수 없을까? 나는 왜 어머니 같은 예술가가 아닌 걸까?' 하는 생각이 들면서 자괴감을 들기도 했었어요. 일상 속에서 큰 자극과 영감을 주셨던 만큼, 어머니는 저 자신이 많은 내적 고민을 하는 시간도 주셨던 것 같아요. 지금은 저도 안무가로서 성장하고 나니, 어머니의 철학을 어느 정도 이해하게 됐습니다. 어머니와 작품에 대한 깊은 대화를 나누고 함께하는 시간이 너무 행복해요. 여전히 예술가로서 어머니를 진심으로 존경하고 있고, 저의 영원한 멘토이자 롤모델이세요.

Question **슬럼프에 빠진 기간도 있으셨나요?**

클래식 발레에서 벗어나 블랙토(BLACK TOE)를 만들기까지 방황의 시간이 길었던 때가 있었어요. 그때도 값진 조언으로 저를 이끌어주신 게 어머니셨어요. 항상 공연을 앞두고 최종 연습할 때 즈음 어머니께서 보러 오셨거든요. 추구하셨던 작품 세계와 수많은 경험의 눈으로 저의 최종 연습의 모습을 지켜보시면서 부족한 부분들에 대해 선배로서 조언을 해주셨어요. 저의 예술관이 뚜렷해지기 전에는 어머니의 말씀을 다 수용해야 할지 혼란스럽기도 했어요. 귀가 얇아질수록 내 흐름대로 가지 않고 방향이 틀어지는 느낌을 받을 때가 많았거든요. 그래서 어머니께 연습을 보여드리는 것이 부담스럽기도 했었죠. 그런데 언제부턴가 저의 리허설 공연을 보고 조언 대신 '고생했다. 무대에 가서도 잘해라.'는 약간의 걱정이 담긴 격려를 해주시더라고요. 그때, '아! 내가 나만의 색깔을 찾아가고 있구나. 초짜 안무가를 벗어나고 있구나.' 하는 생각이 들면서 어머니의 인정을 받았다는 뿌듯함을 느꼈죠. 이제는 저의 색깔을 존중해주시는 어머니와 작품에 대해 더 편하게 대화를 주고받을 수 있게 되었어요.

발레의 어떤 부분에 매력을 느끼셨나요?

어린 마음에 발레의 고귀한 아름다움에 취했던 것 같아요. 발레는 인간의 신체를 가장 아름답게 표현해내는 예술이라는 점에서 저 자신의 모습에 약간의 자아도취가 있지 않았나 생각합니다. 무엇보다 기술 습득 부분에서 중독성과 성취감과 크게 느끼는 편이었어요. 도는 동작을 잘하는 편이었는데 3바퀴를 돌면 4바퀴, 5바퀴, 그 이상을 해내고 싶은 욕구가 생겼죠. 발레의 아름다움과 저 자신만의 성취감이 저에게 가장 큰 매력으로 다가온 것 같아요.

Question 발레 이외의 다른 장르의 무용을 해보셨나요?

앞에서 말씀드렸던 선화예중 시절, 몰래 방과 후 수업을 힙합반으로 들어갔던 때부터 힙합 음악과 힙합댄스에 관심이 많았어요. 대학교 때는 부전공으로 현대무용과 한국무용도 배웠지만, 재즈댄스 수업은 1학년부터 4학년 모든 수업을 청강할 정도로 좋아했어요. 그 이후 뉴욕에 갔을 땐, 장르를 가리지 않고 댄스센터들을 돌아다니면서 다양한 미국 춤을 배웠답니다. 뉴욕에서 춤췄던 시간이 동작 훈련 면에서 가장 많이 성장했던 시간이었던 것 같아요.

▶ 발레공연

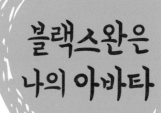
블랙스완은
나의 아바타

▶ 발레공연

▶ 발레공연

발레무용가로 데뷔한 것은 언제였나요?

2008년 유니버설 발레단 입단하면서 프로 무용가로서 데뷔했고, 블랙토(BLACK TOE)라는 이름으로 안무를 시작한 것은 2011년 뉴욕에서였어요. 이후 한국에 들어와서 2013년 <댄싱9> 방송 출연을 하게 되었죠. 방송 출연을 계기로 많은 관심을 받고 티켓 파워가 생기면서 대중적인 공연과 광고, 콘서트, 각종 행사, 패션쇼 등에 출연하게 되었어요. 활동 영역을 확장하는 좋은 기회이자 계기가 되었죠. 아직도 <댄싱9>의 블랙스완으로 저를 기억해주시는 분들이 많이 계시더라고요. 항상 감사하게 생각하고 있어요.

Question 발레무용가로서 활동했던 경험을 이야기해주세요.

유니버설 발레단에서도 활동했지만, 이정희 현대무용단에서도 활동했었어요. 어머니의 무용단이었는데 그곳에서 활동하던 시기에 어머니의 작품 세계와 창작과정을 배울 수 있었죠. 시대를 반영하는 철학적인 작품들이 많았는데, 그때 어머니의 곁에서 보고 배운 것들이 지금의 저에게 큰 영향을 주었어요. 큰 무용콩쿠르 중의 하나인 동아무용콩쿠르에 출전하기도 했어요. 발레전공자가 현대무용 부문에 출전해서 말이 좀 많았었죠. 사실 저는 현대무용으로 콩쿠르를 나가려고 했다기보다, 당시 발레 부문에서는 클래식 작품으로만 평가했기 때문에 현대무용 부문으로 참가를 결심했었거든요. 무대에서 무릎 부상으로 인대가 끊어졌음에도 끝까지 무대를 마치고 내려왔어요. 바로 응급차에 실려 갈 정도여서 기대를 하지 않았는데 운이 좋게도 3등 상을 받았죠. 움직임의 장르와 경계가 무너진 요즘 시대에도 여전히 발레, 현대무용, 한국무용으로 과를 나누고 세력을 다투는 것에 대한 불만과 아쉬움이 있어요. 외국 대학은 대부분 무용과가 통합되어 있거든요. 전공의 분류보다는 누가 더 특별하고 새로운 움직임을 만들어내는가를 중요하게 생각하고, 거기에 따른 교육시스템을 갖추고 있습니다. 그런 점에서 외국 대학의 교육시스템을 부러워했죠.

유학을 통해 경험했던 것들과 느낀 점은?

　미국과 유럽에서의 경험이 소중하죠. '발레'라는 틀 안에 갇혀있던 제가 자유로워질 수 있는 시간이었습니다. 유학을 통한 경험은 저만의 춤과 색깔을 찾는데 많은 영감을 주었고, 덕분에 블랙토(BLACK TOE)라는 창작에 더 적극적으로 임할 수 있었어요. 뉴욕 'Complexion Contemporary Ballet Company'에서 인텐시브 코스 수료를 하는 과정에서 단원들과 함께 발레단을 경험했는데, 완전히 새로운 발레를 배울 수 있었어요. 'Dance New Amsterdam(DNA)'에서의 워크숍과 트레이닝 프로그램들을 수료하는 과정에서는 다양한 움직임들을 배울 수 있었죠. 무엇보다 자유롭게 춤을 즐길 수 있는 외국의 분위기가 저에겐 너무 좋았어요. 현대무용 하는 컨템포러리한 댄서가 힙합 수업에 들어가고, 힙합 바지를 입은 스트릿댄서가 현대무용 수업에 참여하는 분위기가 조성되어 있어요. 다들 '나는 춤꾼이라 뭐든 다 출 수 있어.'라는 마인드를 지니고 있었죠. 저 자신이 장르를 구분 짓는 것에 회의를 느끼던 때라 더 그랬을 수도 있지만, 춤을 자유롭게 즐기는 댄서들과 수업을 같이 한다는 것만으로도 행복했던 시간이었어요. 동료 댄서들의 태도나 움직임을 통해서도 많은 영감을 받았으니까요.

▶ 뉴욕에서

▶ 파리 에펠탑 앞에서

▶ 유럽에서

다양한 공연 경험을 하셨는데, 어떠셨나요?

　　<댄싱9> 출연 직후에는 D4U(Dancing 4 You)라는 팀을 결성해서 직접 공연을 기획하고 연출을 진행했었어요. '테이스트 무브먼트', 'D Color of 9' 이라는 이름으로 대중적이고 친절한 공연을 이어오기 위해 노력했죠. 방송의 힘으로 많은 관객분이 저의 공연을 찾아 주셨어요. 함께 손뼉 치고 소리를 지르면서 볼 수 있는 '쇼'적인 요소를 살린 콘서트 형식의 무용공연을 만들고자 했거든요. 무엇이 대중적인 것인지, 어떤 표현이 친절한 작품이 될 수 있는지에 대해서 관객들의 반응을 통해 직접 체감하며 배운 시간이었죠. 이후 '블랙토 댄스 컴퍼니' 활동을 이어가면서 기존의 발레와는 다른 '블랙(BLACK)'의 컨셉을 계속 발전시키기 위해 트렌디하면서도 세련된 발레 콘텐츠를 제작하려고 노력했어요. 블랙토(BLACK TOE) 공연에서 항상 안무가이자 댄서로서 출연했지만, 2020년에 처음으로 무대에서 내려와 안무가이자 연출가의 역할에 집중했어요. 댄서가 아닌 안무가, 연출가의 역할에 집중하다 보니 작품의 완성도가 높아지더라고요. 그래서 한국춤평론가상 올해의 작품상을 받기도 했답니다. 다른 직업군에 비해 '무용가'라는 직업의 생명이 짧은 편인데요. 이런 경험을 기반으로 30대 중반이 되면서 조금씩 무용가 생활에서 벗어나 '블랙토 댄스 컴퍼니'의 대표이자 안무가로서 자리를 잡아가고 있습니다.

▶ 뉴욕에서

▶ 블랙토 프로필사진

▶ 블랙토

<댄싱9>을 통해 발레의 대중화에 큰 역할을 해주셨는데,
출연 계기와 소감을 말씀해주세요.

　뉴욕에 있을 때 <So You Think You Can Dance>라는 TV쇼를 보게 되었는데, 미국의 훌륭한 댄서들이 대거 참가한 댄스오디션 프로그램이었어요. 현지에서 방송 출신 댄서들의 활동을 직접 목격하기도 했었죠. 그런 저에게 <댄싱9>은 한국판 <So You Think You Can Dance>로 느껴졌어요. 당시 순수무용계와 상업예술의 경계가 명확했던 국내 상황과는 달리, 뉴욕 브로드웨이나 할리우드에서 활동하는 댄서들은 영역을 구분하지 않고 순수무용계와 상업예술의 영역을 자유롭게 오가고 있었거든요. 그 속에서 자신의 예술적 삶을 본인이 주체가 되어 책임지고 있었어요. 저 역시 활동 영역을 넓히고 저의 개인적인 작품 활동과 대중문화예술 활동을 병행할 수 있으리라 기대를 하고 <댄싱9> 출연을 결심했습니다. <댄싱9>은 저를 세상 밖으로 나오게 해준 통로와 같은 존재예요. 안타깝게도 밖에서 바라본 무용계는 너무나 작았거든요. 순수무용 활동을 이어가고 있는 훌륭한 예술가들을 존경하고 진심으로 응원하지만, 저는 <댄싱9>을 통해 바깥세상을 경험하게 되었고, 순수무용과는 다른 방향성을 가져야겠다고 생각하게 되었어요. 계속해서 다양한 장르와 협업하고 새로운 도전을 하면서 돌파구를 찾아 나가고 싶어요.

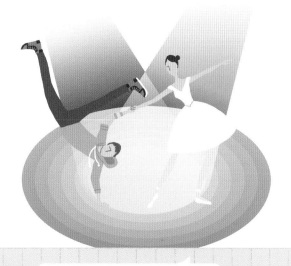

진실한 질문이
진정한 예술을
창조한다

▶ 공연 <세모녀>

▶ 블랙토 프로필사진

▶ 블랙토

Question **블랙토 댄스 컴퍼니는** 어떤 식으로 운영되나요?

'블랙토 댄스 컴퍼니'는 주로 문화관광부, 한국문화예술위원회, 서울문화재단 등의 국가 예산에서 지원을 받아 공연을 진행하고 있어요. 공모지원서를 제출하고 작품이 선정되면, 예산을 받아 공연을 진행하는 거죠. 사실 개인 돈으로 공연을 진행하기에는 극장 대관료부터 공연 진행에 필요한 장비 대여 및 인건비까지 감당하는 데는 큰 어려움이 있어요. 2014년에 진행했던 'D4U' 공연이 처음으로 지원금 없이 티켓판매 수익으로만 진행되는 자체기획 공연이었거든요. 시기적으로 <댄싱9> 종영 직후였고 출연진들의 티켓파워가 있었던 시기라서 가능했다고 생각해요. 개인적으로 앞으로 무용계에 연예인 급의 인지도 높은 무용 스타들이 지속해서 발굴되었으면 좋겠다는 바람을 갖고 있어요. 지원금 안에서만 공연하지 않고 자생할 힘을 가질 수 있는 계기가 될 거라는 기대와 무용의 대중화가 더 빠르게 진행될 수 있을 거로 생각하기 때문이죠.

Question **발레 이외에 배워보고 싶은** 다른 장르의 무용이 있으신가요?

이전부터 다른 장르의 댄스에 관심이 많았어요. 최근에 관심을 두게 된 장르는 '얼반 댄스(Urban Dance)'입니다. 요즘은 얼반 댄스가 현대무용 같은 동작과 많이 결합하고 있는 것 같더라고요. 그래서 관심이 커졌죠. 얼반 댄스를 배운 뒤, 얼반 발레를 만들어 보고 싶은 생각도 있답니다.

발레는 언제 시작하는 게 가장 좋을까요?

언제 시작해야 한다는 기준이 있는 것은 아니지만, 어린 시절에 시작하는 것이 유연성 부분에서는 유리하게 작용하는 것 같아요. 발레는 신체의 전체적인 균형과 비율이 좋아야 하거든요. 목선부터 어깨 모양 골반의 위치, 무릎과 발등의 모양 등 아름다움의 기준이 되는 바디라인이 있기 때문에 성장기에 훈련받아야 발레가 요구하는 기준에 가깝게 신체발달이 이루어질 수 있어요. 발레가 요구하는 기준에 완벽히 부합하는 신체는 드물지만, 타고난 사람들도 있고 노력으로 만들어내는 사람들도 있죠. 저의 경우는 어릴 때부터 훈련받았기 때문에 바디라인은 잘 잡혔던 편이었어요. 클래식 발레 작품에서는 공주, 요정, 백조의 느낌들을 추구하잖아요? 하지만 저의 캐릭터나 외모가 클래식 발레에 어울리지 않는 편이라서 학창 시절 스트레스를 많이 받기도 했답니다.

Question **발레무용가로서 가장 보람을 느끼는 순간은 언제인가요?**

아무래도 오랜 시간과 노력을 쏟아부었던 공연이 끝나고 관객분들께서 보내주시는 박수를 받는 순간에 가장 큰 보람을 느끼죠. 박수 자체로 보람이 느껴진다기보다는 '나의 질문'으로 시작된 공연의 출발이 무용가의 몸과 움직임을 통해 표현되고, 비로소 무대에서 관객들을 만나 실현되는 일련의 과정 때문이죠. 아주 개인적이었던 질문이 큰 가치를 품고 완성된 작품으로 살아나는 기분을 느끼게 되거든요. 그게 저에겐 가장 큰 보람인 것 같아요.

앞으로의 목표는 무엇인가요?

국내 클래식 발레보다 창작발레, 컨템포러리 발레는 상대적으로 시장이 좁은 편이에요. 저는 그 안에서 꾸준히 작품 활동을 하면서 저만의 색깔로 발레의 다양성을 보여 줄 수 있는 안무가가 되고 싶어요. 예를 들면 손과 발에 물감을 묻히고 그림을 그리는 댄스 라이브 페인팅이나 온라인으로 노출될 수 있는 댄스 필름 제작, 무용음악 작곡과 콘서트 형식 공연 등이 제가 시도하고 있는 다양한 활동들이에요. 앞으로 극장 공연뿐만 아니라, 다양한 영역과 장소에서 저만의 발레를 많은 분께 보여드릴 수 있는 활동을 이어나가고 싶어요. 무용의 대중화를 이루고 싶은 목적이 가장 큰 것 같아요.

 **발레를 배우는 학생들에게 도움이 될 만한 조언 부탁드립니다.**

발레는 생각보다 신체적으로 고단한 예술이에요. 그래서 발레무용가를 꿈꾸는 친구들이라면, 우선 '이 힘든 과정을 이겨낼 만큼 발레를 사랑하는가?'에 대해 자신에게 진지하게 질문해봤으면 좋겠어요. 클래식 발레는 다른 무용에 비해 정확한 동작과 라인이 정해져 있거든요. 맞고 틀림이 명확한 움직임이다 보니 '완벽한 발레리나, 발레리노가 되겠다.'라는 생각에만 몰두하게 되면 심적으로 힘들 수 있어요. 시선을 좀 더 멀리 보고 클래식 발레뿐만 아니라 컨템포러리 발레에도 가능성을 열어두면 좋을 것 같아요. 내가 잘할 수 있는 발레, 나만의 발레를 생각하며 미래를 그려나가는 것도 의미 있지 않을까요? 앞으로 국내에 멋지고 개성 있는 발레무용가들이 배출되기를 기대합니다.

어린 시절부터 낙천적이었으며 춤에 관심이 많았기에 어머니의 권유로 댄서의 길로 들어서게 되었다. 19세에 댄스스포츠를 시작하였다. 아마추어와 프로페셔널 선수 활동을 거쳐 현재 댄스피버스튜디오의 대표를 역임하고 있다. 시작할 당시만 해도 댄스스포츠의 과도기였으나 좋은 스승을 만나 출전하는 경기마다 좋은 성적을 거둘 수 있었다. 또한, 다른 선수들과 달리 라틴과 모던을 동시에 배우고 구사할 수 있게 되었다. 선수로 활동하는 동안 영국과 아시아 대회에 꾸준히 참가하며 경험을 쌓았고 세계적으로 유명한 여러 코치에게 지도를 받아왔다. 경기댄스뿐만 아니라 여러 가지 지도자 자격증도 일찍이 취득하여 이론과 실기를 겸비한 댄스스포츠 지도자로 성장하였다. 2012년 선수 생활을 은퇴하고 스튜디오를 운영하며 본격적인 지도자의 길로 들어섰으며 현재까지 서울에서 댄스스포츠의 대중화를 위해 힘쓰며 댄스 스튜디오를 운영하고 있다.

이종률 댄스스포츠 선수

현) 댄스피버스튜디오 원장
현) 서초구 댄스스포츠 연맹 부회장
• 한국체육대학교 레저스포츠 학사 전공
• 한국체육대학교 석사
• 2002 영국 IDTA 국제지도자자격 취득 외 다수

수상
• 2012 제8회 울산 블루비취컵 국제댄스스포츠 선수권대회
  프로페셔널 국제전 라틴 1위
• 2011 제2회 국민생활체육회장배 전국 댄스스포츠 선수권대회
  프로페셔널 라틴 1위 외 다수

강의/레슨
• JTBC드라마 <알고있지만> 안무지도
• 동작문화원 댄스스포츠 교실 출강
• 한국 교원댄스스포츠협회 출강 외 다수

무용가의 스케줄

이종률
댄스스포츠
선수의
하루

24:00 ~
▶ 귀가 후 취침

07:00 ~ 08:50
▶ 출근 준비

22:30 ~ 23:30
▶ 운동
(휘트니스 클럽)

09:00 ~ 13:00
▶ 오전 수업
(그룹 및 개인 수업)

14:00 ~ 22:00
▶ 오후 수업

13:00 ~ 14:00
▶ 점심 식사

어머니가 댄스스포츠를 권유하다

▶ 어린시절, 여름나기

▶ 소풍가서 매미처럼

▶ 어린시절, 최애 아이템

어린 시절에 어떤 성격이셨는지 궁금합니다.

　　낙천적인 아이였어요. 감정적이기보다는 이성적인 성향이 더 강했었죠. 초등학교 시절부터 주변에 춤을 잘 추는 친구들이 많았어요. 자연스럽게 춤을 접할 수 있는 계기가 되었던 것 같아요. 사실 아예 관심이 없었다면 관심이 안 생겼을 수도 있지만, 친구들이 추는 춤을 보니 자연스럽게 춤에 관심이 생기더라고요. 점차 춤이 좋아지기 시작했죠. 낙천적이고 이성적인 성격이 지금까지 춤을 직업으로 삼아 살아오는 데 강점으로 작용하지 않았나 싶어요.

어린 시절부터 댄서가 꿈이었나요?

　　초등학생 때에는 농부나 화가가 되고 싶었어요. 그림 그리는 것을 좋아했었거든요. 중학생이 되면서 현실적인 직업들에 관심을 두기 시작했고 동물을 좋아했던 저는 동물과 관련된 직업들을 꿈꾸기 시작했죠. 동물을 좋아하면서도 주변에 춤을 좋아하는 친구들을 따라 자연스럽게 춤에도 관심이 생기더라고요. 학교 체육 대회에서 전교생들 앞에서 춤을 춘 적이 있는데, 춤으로 무대에 선 첫 경험이었죠. 고등학생이 된 이후로도 춤에 관한 관심이 지속하였고, 예체능 계열로 진로 방향을 설계하기 시작했어요. 사실 전공에 관한 생각보다는 무작정 수도권 내의 대학에 진학하고 싶은 마음이 더 컸답니다. 제가 춤에 관심을 보이자, 어머니께서는 적극적으로 응원을 해주셨어요. 저희 부모님은 제가 좋아하는 것을 존중해주시고, 기회를 제공해주시기 위해 많은 지원을 해주시는 편이었거든요. 심지어 공부에 관심이 없던 제게 성적에 대한 부담을 조금도 주시지 않을 정도로 저의 관심 분야와 선택을 존중해주셨죠. 지금까지도 늘 감사하게 생각하고 있어요. 그 힘이 지금의 저를 있게 한 가장 큰 요인이라고 생각하거든요.

댄스스포츠를 접하게 된 계기는 무엇이었나요?

제가 중고등학교에 다니던 시절에는 댄스스포츠가 대중화되기 전이었어요. 1990년대 후반부터 예능프로그램에서 가끔 남녀가 추는 춤을 보았던 기억이 납니다. 당시에는 댄스스포츠를 모르고 있었기 때문에 수련회 때 추던 포크댄스의 종류라고 생각했었어요. 보통 부모님들께서는 공부를 권하시지만, 저는 고등학교 3학년 때 어머니의 권유로 댄스스포츠를 접하게 되었답니다. 1999년 6월, 어머니와 함께 댄스스포츠 학원을 방문하여 바로 등록했어요. 그렇게 댄스스포츠를 본격적으로 시작하게 되었죠.

Question 댄스스포츠를 처음 접했을 때, 어떠셨나요?

처음 댄스스포츠를 접했을 때는 남녀가 같이 춤을 춰야 한다는 게 어색했어요. 낯설기도 했지만, 여자 파트너와 호흡을 맞춰야 하는 부끄러움이 가장 컸죠. 근데 생각보다 금방 익숙해지더라고요. 하지만 당시 사회적 분위기가 춤에 대한 인식이 긍정적이지 않았기 때문에 친구들에게도 비밀로 했던 슬픈 에피소드가 있답니다. 누군가에게 저의 댄스 장르나 전공에 관해 설명하기가 쉽지 않았어요. 시범 공연을 할 때, 관중들로부터 약간의 웃음거리가 되는 것 같은 기분도 들었고요. 하지만 제가 다니던 학원의 스승님과 선배님들이 저에게 좋은 조언을 많이 해주셨어요. 미래에 대한 용기를 주시며, 저를 이끌어주시는 데 큰 역할을 해주셨죠. 덕분에 댄스스포츠를 지속하였고 자연스럽게 댄서로서의 삶을 살겠다는 다짐을 하게 되었죠.

Question 댄스스포츠에 매력을 느끼신 이유는 무엇인가요?

제가 유소년기였던 시절, 남녀가 커플로 춤을 추는 것에 대한 인식이 안 좋았어요. 남녀가 커플로 춤을 추면 사람들은 남자는 제비, 여자는 꽃뱀이라고 부르며 부정적인 시선으로 바라봤었죠. 물론 지금은 조금 달라졌지만요. 댄스스포츠를 직접 배우면서 국내외 유명한 선수들이 춤을 추는 모습을 보게 되었어요. 그들의 춤 속에서 자연스럽게 댄스스포츠 선수들만이 가지고 있는 강한 체력과 아름다운 몸 그리고 여러 종목의 춤과 음악의 매력을 느낄 수 있었죠. 다른 운동 종목과 달리 남녀가 같이 물리적, 정신적으로 복합적인 훈련을 반복하는 것에서도 많은 매력을 느낄 수 있었답니다. 게다가 외국대회의 참가 및 공연 그리고 유학 등의 과정을 통해 또래 친구들은 쉽게 접해보지 못한 새롭고 다양한 문화를 접할 수 있었던 게 큰 메리트로 다가왔어요.

Question 진로 선택의 기준이나, 영향을 받은 요소들이 있나요?

진로 결정에 있어서 우선 자신이 가장 좋아하는 일인지를 살펴보는 게 중요하다고 생각해요. 자신이 하는 일에 대한 자부심과 포기하지 않는 끈기와 집념으로 해낼 수 있을지를 고민하면서 진로를 선택했었죠. 제가 댄스스포츠 선수와 지도자로서의 진로를 결정하는 데 큰 영향을 주신 분들이 계세요. 부모님과 친누나, 스승님 그리고 선배들이었어요. 댄스스포츠가 발전하고 있던 과도기에 함께 필드에서 경쟁하던 여러 선수도 긍정적인 동기를 부여해줬죠. '나도 할 수 있다.'라는 마인드 세팅을 할 수 있었거든요.

척박한 땅에
씨앗을
뿌리다

▶ 선수생활 시절 대회 수상

▶ 선수생활 시절 대회

▶ 시범공연

늦은 시작이었는데, 대학 진학은 어떻게 하셨나요?

고등학교 3학년 때부터 시작했기 때문에 대학입시를 준비하기에는 늦은 시기였죠. 시작한 지 얼마 되지 않았을 때, 동갑내기 파트너를 만나게 되었어요. 댄스스포츠는 남녀가 파트너로 한 쌍을 이루어 춤을 추는 춤이거든요. 파트너와 함께 호흡을 맞추고 선수권대회에 참가하게 되었는데, 운이 좋았던 것 같아요. 상위권 성적을 거두게 되었죠. 그당시에 댄스스포츠가 대중화가 되지는 않았지만, 사회적 관심을 받기 시작했었어요. 스포츠의 긍정적인 면을 인정받아 음지에서 양지로 올라오던 시기였죠. 그래서인지 여러수도권 및 지방 대학에서 댄스스포츠 특기생을 모집했었습니다. 덕분에 저도 선수권대회의 수상 경력을 인정받아 수도권 대학에 합격할 수 있었답니다. 특기생으로 합격했었는데, 여러 가지 내부적인 이유로 수상 실적을 인정해주지 않았어요. 그래서 특기생이아닌, 기초체력 실기를 평가하는 체육대학의 체육과에 진학하게 되었답니다. 이후에 같은 대학원의 석사까지 졸업했죠.

Question 당시 댄스스포츠로 대학에 진학하는 경우는 없었나요?

그 당시에는 댄스스포츠 특기생을 무용과가 아닌 체육과에서만 소수 인원을 정원으로 해서 모집했어요. 무용과를 따로 선택할 수는 없었죠. 제가 입학한 대학에서는 댄스스포츠 특기생으로 뽑힌 게 아니었기 때문에 대학 내에서 댄스스포츠에 관한 훈련이나학습의 기회가 없었답니다. 저와 같은 또래의 한 선수는 타 대학에서 댄스스포츠 특기생으로 입학했는데, 학교에서 댄스스포츠 전공을 살릴 기회가 없다며 자퇴를 하여 기사화되는 해프닝이 있을 정도였죠.

일반 체육과에서의 대학 생활은 어떠셨나요?

대학 내 학교 축제, MT 등 여러 크고 작은 행사에서 재능기부처럼 댄스스포츠 시범 공연을 선보이며 무대 경험을 늘려갔어요. 하지만 특기생으로 입학하지 않았기 때문에 전공을 위주로 대학 교과를 이수하였고, 댄스스포츠와 관련한 더 나은 테크닉과 지식을 쌓기에는 어려운 환경이었죠. 하지만 춤 외에 다른 운동과 학문을 접할 수 있는 배움의 기회들이 제공되었어요. 이때의 교육과정이 훗날 지도자가 되는 과정에 큰 도움이 되었 답니다. 현재도 댄스스포츠 전공자가 많지는 않지만, 제가 대학에 다니던 시절에는 지금 보다도 더 생소한 분야였어요. 그래서 본의 아니게 학교에서는 동기생들과 선후배들에 게 강한 존재감을 드러냈었죠. 제가 입학한 다음 해부터 모교에서 댄스스포츠 특기생을 모집하더라고요. 덕분에 많은 댄스스포츠 전공자들이 모교로 진학을 했습니다.

석사과정을 밟게 된 이유가 있나요?

석사과정을 선택한 가장 큰 이유는 미래에 대한 준비였습니다. 대부분의 댄스스포츠 선수들은 프로페셔널 선수로 활동하다가 은퇴하면 사설학원에서 선수 및 생활체육 지 도자로서 활동하는데요. 저는 대학 강의와 그 외의 여러 기회를 잡을 수 있도록 역량을 키우고 싶었어요. 그런 차원에서 석사과정을 수료하고 졸업하게 되었답니다. 사실 지금 생각해보면 선수 생활을 하던 시기에는 파트너와의 최상의 호흡과 테크닉을 구사하는 것에만 집중했던 것 같아요. 그저 매 순간 최선을 다하면 미래가 보장될 것이라는 막연 한 기대를 하고 있었던 것 같아요.

댄스스포츠 선수가 되기까지 과정은 어떻게 되나요?

복합적인 무용이자 스포츠라서 댄스스포츠 외에 발레, 현대무용 등 타 장르의 무용을 배우면서 기본기를 갖추기 위해 노력해야 합니다. 기초체력훈련도 필수적이죠. 선수마다 훈련 방법이 다르지만, 보통은 오전과 저녁 시간에 주로 연습하며, 이 또한 자신이 속한 팀(또는 스튜디오)과 파트너의 스케줄에 따라 유동적으로 연습 스케줄을 조정하게 됩니다. 혼자서 하는 기본기 연습과 파트너와 함께하는 기본안무와 작품 연습, 다른 커플들과 같이하는 실전연습 등으로 나누어 연습을 진행하게 되죠. 하루에 적게는 2시간에서 많게는 6시간 이상을 연습에 투자해요. 이런 훈련이 거의 매일 이루어진답니다. 간혹 유명한 코치들이 연합하여 며칠간 캠프 형식으로 훈련을 진행하는 경우가 있어요. 이런 훈련과정을 통해 강도 높은 레슨을 받습니다. 외국 코치에게 직접 수업을 받거나 직접 외국으로 연수를 가기도 하고요.

Question 외국으로 연수를 다녀온 경험이 있으신가요?

외국에서 거주하면서 1~2년씩 연수를 받지는 않았어요. 2001년부터 2005년까지 해마다 영국에서 한 달 정도를 머무르며 대회에 출전하기도 하고 외국인 코치들에게 레슨을 받았어요. 제대 후에도 약 2개월 정도 미국에 연수를 다녀왔답니다. 학교생활과 대학원, 강습을 놓칠 수 없어서 유학을 길게 다녀오는 게 부담이 되더라고요. 그래서 틈틈이 외국에 나가 레슨을 받고자 노력했었고, 한국에서 지내면서도 대회 참가를 위해 내한하는 외국 선수와 심사위원들에게 꾸준히 지도를 받았습니다.

댄스스포츠 선수로 데뷔한 것은 언제였나요?

1999년 6월 고등학교 3학년 때 처음 댄스스포츠에 입문하여 같은 해 11월에 고등부 라틴 부문에 출전하게 되었어요. 처음 대회를 나간 순간부터 여러 부문에 참가하여 선수로서의 경력을 쌓아왔고, 이후 꾸준히 아마추어 선수에서 프로페셔널까지 데뷔하면서 쉬지 않고 활동하였답니다. 취미로 시작하여 진로로 설계하시는 분들도 꽤 있지만, 저는 처음부터 입시와 댄스스포츠 선수로서의 진로 방향을 세웠기 때문에 강도 높은 레슨을 받으며 열심히 할 수밖에 없었죠. 결국, 은퇴 전까지 매주 대회와 공연의 연속이었어요. 힘든 순간들도 있었지만, 함께하는 선배와 동료 선수들이 큰 자극과 힘이 되어 주었죠.

댄스스포츠 선수로서 활동했던 경험이 궁금하군요.

춤을 시작했던 당시 우리나라에는 크고 작은 협회들이 몇 개 있었고, 저는 그중에 한국댄스스포츠교사협회라는 곳에 소속되어있었어요. 저희 선생님께서 협회장을 맡고 계셨는데, 영국댄스교사협회의 한국지부 정도라고 볼 수 있답니다. 이곳에 소속되어 댄스스포츠 교사 자격을 취득했고 동시에 협회의 강사로 활동한 덕분에 자연스럽게 모던과 라틴 두 부문 강사 자격증 취득을 할 수 있었죠. 입대 전(2006년)까지는 국내, 국제대회가 많지 않아 대회 출전의 빈도는 높지 않았어요. 평균적으로 한 달에 한 번 정도 출전했었죠. 그 외에는 시간에는 시범과 강습을 하며 생활했어요. 국내대회만큼이나 국제대회 많이 출전했었는데요. 그래서 1년에 최소 4번 이상 아시아와 영국을 오갔었죠.

 **댄스스포츠 선수로 출전했던 경기와 수상 내역을 소개해주시겠어요?**

선수로서 활발하게 활동하던 시절은 1999년부터 2012년까지 약 14년 정도였던 것 같아요. 출전한 대회와 수상 내용은 아래와 같습니다.

- 1999년 11월 동덕여자대학교 총장배 전국 댄스스포츠 대회 고등부 1위
- 2002년 3월 대만 CHIN-SHI CUP BALLROOM DINCING CHAMPIONSHIP 아마추어 라틴 1위
- 2002년 11월 대만 THE 11TH FREEDOM CUP INTERNATIONAL DANCESPORT CHAMPIONSHIP
  아마추어 라틴 1위 / 모던 1위
- 2003년 12월 홍콩 5TH 'BEST OF BEST' OPEN DANCESPORT CHAMPIONSHIP
  프로페셔널 라틴 1위 / 모던 1위
- 2005년 4월 제4회 IDTA-KDTA 컵 국제 댄스스포츠 선수권대회 프로페셔널 라틴 1위 / 모던 1위
- 2011년 8월 제5회 코리아 마스터즈컵 댄스스포츠 대회 프로페셔널 라틴 1위
- 2011년 9월 제11회 BDFI-ISTD 컵 국제 댄스스포츠 선수권대회 프로페셔널 라틴 국제전 2위 / 국내전 1위
- 2011년 9월 제2회 국민생활체육협회장배 전국 댄스스포츠 선수권대회 프로페셔널 라틴 1위
- 2011년 11월 제5회 임페리얼 댄스스포츠 챔피언십 프로페셔널 라틴 1위
- 2012년 4월 제5회 울산 블루비취컵 국제 댄스스포츠 챔피언십 프로페셔널 라틴 국제전 1위

▶ 선수생활 시절 대회 수상

▶ 시범공연

이젠
후학 양성이
목표

▶ 시범공연

▶ 댄스피버스튜디오 전경

▶ 파티공연

현재 하시고 계신 일에 대한 설명을 부탁드립니다.

2011년부터 현재까지 서울에서 Dance Fever Studio(댄스 스튜디오)를 운영하고 있습니다. 원내에서 댄스스포츠를 비롯한 방송댄스, 스트레칭 등 건강한 여가를 즐길 수 있는 클래스를 진행하고 있답니다. 취미뿐만 아니라 선수, 지도자 교육도 하고 있어요. 주기적으로 댄스파티나 대회를 주최함으로써 동호인들과 전문인들에게 지속적인 동기부여를 제공하고자 노력하는 편이죠. 이런 행사를 통해 건전한 스포츠로 자리 잡을 기회를 제공할 수 있어 좋은 것 같아요. 댄스 레슨이 주된 업무이고 시범 공연을 위한 여러 가지 안무와 음악 기획과 같은 업무들도 틈틈이 진행한답니다. 남녀노소 누구나 춤을 배우기 위해 학원을 찾아오기 때문에 수입은 다른 직업에 비해 안정적인 편이에요.

Question 혹시 댄스스포츠 이외의 다른 무용도 해보셨나요?

댄스스포츠를 접하기 전에는 친구들과 함께 가수들이 하는 안무를 영상으로 보고 따라 추는 정도였어요. 댄스스포츠 선수로 활동하는 동안에는 기본기를 다지기 위해서 주기적으로 발레 레슨도 받았고요.

▶ 시범공연

 **Question** 댄스스포츠에 관해 간단히 설명 부탁드릴게요..

댄스스포츠란 한 쌍의 남녀가 함께 춤추는 댄스 장르입니다. 음악에 맞추어 신체활동을 하는 무용이라는 특징을 가지고 있죠. 댄스스포츠는 춤을 통해 얻는 정신적 즐거움과 그에 따른 육체적 건강, 예의범절을 익히는 건전한 스포츠이자 종합예술이라고 표현할 수 있습니다. 2010년 광저우 아시안 게임에 정식종목으로 채택되기도 하였죠.

댄스스포츠는 크게 모던볼룸댄스(modern ballroom dance)라고도 하는 스탠다드댄스(standard dance)와 라틴아메리카댄스(Latin America dance)로 구분됩니다. 그리고 그 세부 종목으로는 스탠다드댄스에 왈츠(waltz), 비에니즈왈츠(viennese waltz), 탱고(tango), 퀵스텝(quick step), 슬로우 폭스트롯(slow fox trot)이 있고 라틴아메리카댄스에 룸바(rumba), 삼바(samba), 차차차(cha cha cha), 자이브(jive), 파소도블레(paso doble)가 포함되죠. 선수들은 보통 모던 또는 라틴 중에 선택하여 활동하는 편이고, 댄스스포츠를 배우러 오시는 분들은 자신이 희망하는 종목마다 수업을 듣기도 해요.

Question 댄스스포츠 선수로 활동하면서 가장 보람을 느끼는 순간은 언제인가요?

대회에 참가하여 심사위원들에게 실력을 인정받고 상위권에 입상하는 것도 좋죠. 하지만 무엇보다도 공연 후에 관객들에게 박수를 받고, 나의 춤을 응원해주는 사람들을 만날 때 가장 보람됩니다. 준비하면서 힘들었던 과정과 흘린 땀에 대한 보상을 받는 느낌이죠. 아마 모든 무용가가 그렇지 않을까요?

앞으로의 계획과 목표는 무엇인가요?

현재 운영하는 학원에서 후진 양성과 생활체육 저변 확대를 위해서 끊임없이 노력하고 싶습니다. 우리나라에서 손꼽히는 댄스 학원으로 자리 잡고 싶은 욕심도 있죠. 댄스스포츠 선수 생활에서는 은퇴하였지만, 틈틈이 저의 분야에 관해 연구하고 다른 분야와 접목도 시도하여 다양한 무대를 선보이기 위해 노력 중이랍니다. 댄스스포츠도 계속해서 발전되고 있는 만큼, 시대의 흐름에 뒤처지지 않으려고 해요. 그래서 과거에 배웠던 기술들에서 그치지 않고 새로운 지식을 쌓기 위해 수업도 받고 있어요. 새롭게 배운 지식을 레슨에 적용하면서 저만의 노하우로 쌓아가고 있죠. 더불어 지도자로서 훌륭한 자질을 갖추기 위해서 전문성을 키우기 위한 노력도 하고 있답니다.

Question 마지막으로 학생들에게 해주고 싶은 말씀이 있으신가요?

어떤 분야든지 오래 하는 사람이 강하다고 생각해요. 특정 일을 오래 하기 위해서는 포기하지 않는 집념과 끈기, 적당한 때가 올 때까지 기다릴 줄 아는 인내심이 필요하죠. 여러분이 꿈꾸는 분야에서 꿈을 펼칠 수 있는 그 날이 올 때까지 꾸준히 노력하며 기회가 왔을 때 놓치지 않기를 바랍니다. 찾아온 기회를 놓치지 않는 것도 실력이니까요.

▶ 공연 모습

한국무용을 사랑하는 한국무용가다. 어린 시절부터 한국적인 것에 대해 관심이 많아 서예, 사물놀이, 국악, 판소리 등을 배워 왔다. 엄마의 지인께서 배우던 학원에 따라가 우연히 접하게 된 것이 한국무용이었다. 국악원에서 재미있게 익혔던 한국무용을 좀 더 체계적으로 배워보자고 권유해주신 어머니 덕분에 무용학원을 스스로 찾아가게 된다. 중학교 3학년 때부터 체계적으로 한국무용, 발레 등 다양한 무용을 배우기 시작했다. 그때부터 입시를 거쳐, 콩쿠르 수상, 무용단 입단 등 한국무용과 관련한 다양한 경험을 쌓아왔고, 지금은 무용단을 만들어 '아트 림 댄스'의 대표가 되었다. 입시와 콩쿠르, 무용단 등 지금까지의 모든 경험과 일들은 쉽지 않았지만, 그 과정을 거치면서 더욱더 단단해졌다. 더불어 다른 사람을 이해하는 감정이 생겨나며, 자신이 하는 모든 예술 활동을 통해 사람들에게 감동을 주고 싶다는 신념을 품게 되었다. 춤과 가르치는 일, 안무의 창작활동 등을 통해 본인의 마음을 담아내려고 노력한다. 모든 예술 표현은 생각과 마음을 대변한다는 원칙하에 춤과 안무작품으로 감동을 전하려고 최선을 다하는 한국무용가다.

김혜림 한국무용가

현) Art Reem Dance 대표
• 경기도립 무용단 정 단원
• 상명대학원 공연예술경영 박사 과정
• 상명대학원 공연예술경영 석사
• 한국국제예술원 무용과

수상
• 2017년 보훈 전국 무용 콩쿠르 금상
• 2014년 차세대 전국무용경연대회 2등 외 다수

출연작/안무작
• 제35회 서울무용제 류영수 안무 "달의 비명" 한국무용가 외 다수
• <붉은 거미집>, < "일 더 하기 일은…. 人> 안무

무용가의 스케줄

김혜림
한국무용가의
하루

08:00 ~ 10:00
▶ 아침 운동
▶ 스트레칭 & 요가

21:30 ~
▶ 휴식 및 취침

19:30 ~ 20:30
▶ 논문 보기
20:30 ~ 21:30
▶ 책 읽기
▶ 작품 구상

10:00 ~ 12:00
▶ 아침 겸 점심

14:30 ~ 15:30
▶ 논문 보기
15:30 ~ 19:30
▶ 휴식 및 저녁 식사

12:00 ~ 14:30
▶ 무용 수업

내면의
소리에
귀를 기울이라

▶ 1988년, 어린시절

▶ 6살때, 어린이집에서

▶ 어린시절

어린 시절에 어떤 캐릭터였나요?

천진난만하고 호기심이 많은 엉뚱한 소녀였던 것 같아요. 저는 잘 느끼지 못했지만, 학창 시절을 함께하던 친구들이 줄곧 저에게 '넌 참 엉뚱해.'라고 말했었거든요. 나름대로 철학적인 생각과 사색을 즐기는 편이었고, 또 재미있는 것도 좋아하는 아이였어요. 친구들이 저를 진지하고 엉뚱하다고 표현하는 게 듣기 싫어서 친구들과 말을 하지 않은 적도 있었어요. 지금 생각해보면 어린 마음에 그랬던 것 같네요. 친구들이 저를 독특하다고 생각했을 것 같아요. 저의 생각과 친구들의 이야기들을 종합해보면, 사색을 즐기는 내향적인 성격의 학생이면서도 재밌는 것도 즐기는 가끔은 외향적인 그런 양면적인 성격의 학생이지 않았을까 생각이 듭니다. 확실히 호기심은 많은 아이였어요.

Question 장래 직업에 대해서 부모님의 관여는 없으셨나요?

부모님께서는 저에게 어떤 직업을 가졌으면 좋겠다는 말씀은 하시지 않으셨어요. 그냥 저를 관심 있게 지켜봐 주셨던 것 같아요. 무엇에 재능이 있는지, 무엇을 잘하고 흥미를 느끼는지를 말이죠. 부모님께선 제가 무용에 재능이 있다고 느끼셨는지 무용을 꾸준히 시켜주셨어요. 제가 스스로 무용을 좋아하기도 했지만, 부모님께서도 저의 무용 실력과 성장하는 모습에 흡족해하셨죠. 부모님의 관심과 지원이 있었기에 지금의 제가 있지 않았을까요? 그런 말씀은 하셨어요. '나중에 커서 어떠한 어른이 될지 몰라도 남을 돕고 베풀며 살아라.'라고 말이죠. 인성을 중요시하셨던 부모님의 가르침이었죠.

특별한 장래 희망은 무엇이었나요?

어린 시절 저의 장래 희망은 '대학교 진학'이었어요. 큰 직업을 꿈꾸기보단 단계적인 목표를 생각했던 것 같아요. 무용에만 열중했었고, 나중에 무엇이 되어야 할지 생각할 시간을 갖지 못했던 것 같아요. 다만 한국무용과 춤이 그냥 좋았어요. 지금 생각해보니 문화부 장관이 되고 싶다고 생각했던 것 같네요. 주변에 예술 하는 친구 중에 안타까운 친구들이 있어 돕고 싶은 마음에 '난 문화부 장관이 돼서 예술 하는 친구들을 도와줄 거야.'라고 다짐했었거든요.

Question 현 직업을 꿈꾸기 시작한 시기와 계기를 알고 싶어요.

한국무용가로 직업을 꿈꾸기 시작한 시기는 다른 친구들보다는 조금 늦었어요. 대학교 진학 이후였거든요. 고등학교 때는 대학진학을 목표로 하고 있어 구체적인 꿈이나, 다른 생각을 하지 못했어요. 대학생이 되고 나서야 무용가가 되고 싶다고 생각했죠. 춤을 너무나도 좋아했었고, 혼자 무용실에서 생각하고 연습하는 시간이 저에게는 힐링 타임이었거든요. 당시 생각해보면 항상 연습실에 있고 매 순간 춤에 관한 생각으로 가득했던 한국무용을 너무 사랑한 학생이었던 것 같아요.

▶ 고3 콩쿨공연

Question 진로를 선택할 때 기준이 있으신가요?

　　진로 결정의 기준에 정답은 없지만 먼저 이 길을 걸어온 저의 경험을 기반으로 이야기를 드릴게요. 남들의 이야기보다 제 내면의 이야기에 귀를 기울였던 것 같아요. 남들이 하는 것, 남들이 가고 싶은 곳들에 집중하지 않았어요. 그보다 내가 뭘 좋아하는지, 내가 뭘 잘하는지에 더 집중해서 생각했었죠. 무용 분야에서 자신이 잘하는 부분을 꾸준히 키워야 나만의 커리어를 만들어 갈 수 있다고 생각했고 그렇게 하면 시간이 지난 후에도 꾸준히 할 수 있을 거라고 믿었어요.

Question 진로 결정에 영향을 준 사람들이 있나요?

　　대학교에서 무용을 전공하면서도 춤을 사랑하는 마음과 열정으로 대학교 2학년 때부터 개인적으로 레슨을 받아왔어요. 레슨에서 만난 선생님들과 같이 연습을 했던 선배들에게 서로 긍정적인 영향을 주고받았죠. 그리고 먼저 무용계를 걷고 있는 선배님들께서 무용단 합격한 이야기, 당시 무용단 시험 볼 때의 경험 등을 자주 이야기해주셨는데, 저에게는 큰 도움이 되는 이야기들이었어요. 딱 한 명을 정해서 말할 순 없지만 도움을 받은 그 당시를 생각해보니 만났던 모든 분이 스승이었던 거 같아요. 아무래도 가장 영향을 많이 준 분들은 부모님이셨죠. 저 스스로 무용단에 합격할 수 있을지를 고민하며 막연한 불안감과 두려움을 느끼곤 했었어요. 그럴 때마다 '떨어지면 어때? 괜찮아.'라며 제게 믿음과 심리적 안정감을 주셨죠. 부모님의 따뜻한 말씀과 관심이 불안감을 극복할 수 있는 큰 힘이 되었어요.

몸으로
나를 표현하기

▶ 대학교 2학년, 연습실에서

▶ 졸업 작품 공연

▶ 용인시 독립운동 100주년 기념 이한응 열사 공연

한국무용을 처음 접하게 된 계기는 무엇인가요?

한국무용을 접한 계기는 초등학교 3학년 때였어요. 엄마의 지인분이 배우던 국악원에 우연히 따라가게 되었는데, 그곳에서 한국무용을 처음 접하게 되었죠. 한국무용, 판소리, 가야금 등을 가르쳐 주는 곳이었어요. 당시 국악원에 한국무용을 하시는 선생님께서 저를 보시더니 한국무용을 가르쳐 주고 싶다고 말씀하시더라고요. 그렇게 한국무용을 배우게 되었죠. 1년 정도 국악원에서 한국무용을 배우다가 잠시 휴식기를 가졌고 중학교 3학년이 되면서부터 본격적으로 한국무용 전문 학원을 찾아가 배우기 시작했답니다.

Question 한국무용가로 데뷔한 시기가 언제였나요?

중학교 시절, 한국무용을 처음 시작할 때부터 무대에 설 기회가 있었어요. 좋은 무용 선생님을 만나 큰 축제, 해외공연 등 학창 시절부터 공연할 기회가 많았어요. 데뷔 시기를 생각해본다면 그때가 아니었을까요? 그 이후 활발하게 활동을 한 시기는 아무래도 무용단에 있을 때였죠. 연간 공연, 한 달 공연 등의 다양한 공연을 하다 보니 가장 많은 공연을 했던 시기였죠. 사실 그 외에도 매년 공연을 해왔기에 지금까지도 활발하게 활동하고 있답니다.

▶ 경기도 도립 무용단 시절

대학 졸업 후의 계획은 어떻게 세우셨나요?

사실 어떻게 해야 할지 막막했어요. 대학원을 가야 할지, 자격증을 따야 할지, 무용단을 가야 할지, 고민은 많았지만 어떠한 계획도 없었어요. 미래에 대한 불안감이 있던 시기였죠. 당시 무용단 입단이 확실한 진로 목표는 아니었지만, 무용단은 가고 싶었어요. 경쟁률은 너무 높고, 입단 가능성이 불분명했지만, 무용단 입단 준비는 꾸준히 하고 있었죠. 그리고 대학교 재학 중에 춤추는 걸 너무 좋아하고 사랑했기에 무용 레슨을 다녔어요. 꾸준하게 준비를 해왔지만, 무용단에 지원하고 두 번의 오디션 탈락을 경험했죠. 세 번째 오디션에서 정말 감사하게도 경기도립무용단에 합격하여 입단하게 되었어요.

한국무용에 매력을 느낀 이유를 말해주세요

몸으로 무언가를 표현하는 방법을 알기 시작하면서 한국무용에 점차 매력을 느끼기 시작했어요. 중학교 3학년 때 처음으로 한국무용 전통 한영숙류 살풀이라는 작품을 받았는데 작품을 연습하는 과정에서 조금씩 성장하는 제 모습을 발견하게 되었죠. 혼자 연습하는 시간에 다양한 시도와 생각과 상상을 하면서 꾸준히 연습했어요. 연습하면 할수록 달라지는 저를 느낄수록 한국무용의 매력에 더 빠져들게 되었죠. 성장하는 모습도 좋았지만, 대회에 나가서 상을 받을 때 느끼는 기쁨도 컸던 것 같아요. 무용학원 선생님의 칭찬과 인정도 긍정적인 요소로 작용했죠. 성취감이 큰 아이였던 것 같아요. 누군가가 나에게 잘한다고 하니까 어린 마음에 더 잘하고 싶은 욕심이 생겼고, 연습실에서 끝까지 남아서 연습을 했었거든요. 한번은 살풀이 작품을 연습하다가 코피까지 난 적이 있었어요. 음악을 틀고 작품을 시작하는데 코피가 살풀이 천에 흐르더라고요. 어린 마음에 놀라기도 했지만, 열심히 연습한 결과인 것 같아 한편으로 기분이 좋더라고요.

한국무용 이외의 다른 장르의 무용을 해보셨나요?

한국무용을 시작할 때 한국무용보다 발레 레슨을 더 많이 받았어요. 학원 원장선생님께서 무용의 기본은 발레라고 말씀하시며 일주일에 4번 정도 레슨을 받게 하셨죠. 지금 생각해보면 선생님의 말씀과 가르침이 기본기 다지는 데 도움이 많이 되었어요. 한국무용 하면서 발레가 도움 되었다는 것을 몸소 느끼게 되더라고요. 그 이후 경기도립 무용단에 소속되어 있었을 때 타 장르의 무용을 배우러 다녔던 적도 있었죠. 외부에서 현대무용, 힙합, 재즈, 펑크 재즈 수업 등을 배웠어요. 한국무용을 하면 할수록 다른 장르 무용들과 비슷한 부분이 있지 않을까 생각이 들면서 궁금해졌거든요. 그런 접점 부분을 찾기 위해서 다른 장르의 춤을 계속 배우러 다녔었죠.

Question **무용학과 진학은 어떻게 하셨나요?**

15년이 지난 지금은 무용학과 전공 선택이 바뀌었는지 모르겠지만, 제가 입학할 당시만 해도 무용 전공을 희망하는 학생들이 진학할 수 있는 대학 전공은 '무용학과' 단 하나뿐이었어요. 무용학과를 진학한 후에 한국무용/발레/현대무용으로 세부 전공이 나뉘었죠. 저는 한국무용을 희망했었기에, 한국무용으로 세부 전공을 선택했어요. 입시를 한 번에 성공하지는 못했답니다. 대학교 입시에 떨어지는 아픔을 겪었죠. 재수해서 그다음 해에 대학교에 입학했어요. 입시의 벽은 생각보다 높더라고요. 지방 출신이었던 저는 저만의 세계에 갇혀 대학 입시를 준비해왔는데, 서울에 있는 친구들을 보며 세상은 넓고 좋은 무용가는 많다는 걸 몸소 느끼게 되었죠.

Question 한국무용가가 되기까지의 과정이 궁금합니다.

무용을 좋아했기에 한국무용학과를 가야겠다는 생각밖에 하지 않은 것 같아요. 전공 선택 시에는 한국무용 학과라는 전공이 정해져 있어서 많은 고민은 없었어요. 그러나 학교를 선택하는 과정에서 고민했던 거 같아요. 어떤 학교를 선택해야 할지, 어떤 커리큘럼을 가진 학교인지를 탐색하고 선택하고 싶었거든요. 대학교마다 조금씩 다르지만, 우리 학교의 경우엔 무용학과여서 실기 위주의 교육을 받았어요. 한국무용, 현대무용, 발레 등의 실기수업과 무용 이론, 무용 역사, 기획, 공연, 레퍼토리 등의 이론 수업을 받았죠. 요즘은 각 대학 사이트에 잘 안내되고 있어서 관심 있는 학교에 대해 알아보는 것도 좋은 방법일 것 같아요. 교육 커리큘럼 확인해보고요. 어떤 교육과정이 있는지, 어떤 걸 배울 수 있는지 미리 확인해보는 거죠. 무용을 전공하면서 해외 유학을 하러 가는 경우들도 있지만, 저는 한국무용 전공이라 한국에서 공부했어요. 개인적으로 독일에서 철학을 공부하고 싶었지만, 한국에서 공부하는 게 좋을 것 같아 유학을 가지 않았죠. 지금은 한국에서 박사 과정 중에 있답니다.

Question 한국무용가로서 활동하셨던 경험을 이야기해주세요

지금까지의 경험을 글로 표현하기에는 어렵기도 하지만 한국 무용가로서 중고등학교 때부터 경험을 해왔답니다. 인턴으로서 서울시립 무용단, 경기도립 무용단에서 활동했었는데, 이후 무용단에 입단하여 활동했을 때 인턴 경험이 꽤 도움 되더라고요. 2011년부터 2013년까지 3년간 경기도립 무용단에 소속되어 활동했어요. 이후 안무할 때 무용단 활동 경험이 자양분이 되어주었죠. 아무래도 전문적인 한국 무용가로 활동한 것은 무용단 입단 이후라고 생각해요. 입단 후 미술 축제인 베니스 비엔날레에 무용가로 공연도 하고 수많은 공연 경험을 쌓았거든요.

대표적인 출전콩쿠르와 수상 내역, 공연 경험을
소개해주세요.

중고등학교 시절부터 대학교 때까지 콩쿠르 준비를 꾸준히 했었어요. 대표적인 콩쿠르는 전국신인 무용 콩쿠르였어요. 신인 무용 콩쿠르로는 큰 콩쿠르였죠. 너무 잘하는 무용가들도 많이 출전한 데다가 우리 학교 이름으로는 다들 안 될 거라고 했지만 저는 도전했어요. 사람 일은 모르잖아요. 그래서 대학교 3학년 때는 본선 진출을 하고 떨어졌지만, 대학교 4학년 때는 감사하게 상을 받았죠. 너무 꿈만 같았어요. '우리 학교 다니면서도 콩쿠르에서도 상을 받을 수 있구나.' 하는 생각이 들었죠. 사실 실력자들도 많고 잘하는 사람도 많았는데, 제가 운이 좋았다고 생각해요. 심지어 엄마께선 좋은 학교 출신의 친구들이 많고 본선도 끝났으니 집에 가자고 하실 정도였죠. 수상이 힘들 거라는 걸 예상하셨던 것 같아요. 떨어져도 결과만 보고 가자고 했는데, 수상자 명단에 제 이름이 있었던 거예요. 잊을 수 없는 기억이에요. 그 외에 수상 내역은 다음과 같습니다.

- 제46회 전국신인 무용 콩쿠르 전통무용 부분 "차석상"
- 2014년 보훈 전국무용경연대회 "전체대상"
- 2014년 차세대 전국무용경연대회 "2등"
- 2017년 보훈 전국 무용 콩쿠르 "금상"

콩쿠르 이외에도 공연 경험도 다양했어요. 제가 출연했던 공연은 아래와 같습니다.

- 2006년 윤혜정 안무 "通 하고 싶다" 출연
- 2006년 서울 시립무용단 정기공연 "심청" 작품 출연
- 2006년 스페인 Dance Festival 출연
- 2007년 이집트 Dance Festival 출연
- 2008년 국립오페라단 "맥베드" 출연
- 2009년 인연 "연" 안무

- 2010년 김정학의 춤 "노정" 출연
- 2011년 경기도립무용단 공연 출연
- 2012년 경기도립무용단 공연 출연
- 2013년 경기도립무용단 공연 출연
- 2014년 제35회 서울무용제 류영수 안무 "달의 비명" 출연
- 2015년 이탈리아 베니스 비엔날레 "한호 작가 영원한 빛 - 동상이몽" 출연
- 2016년 국제신인안무가전 "붉은 거미집" 안무
- 2019년 조타쿠나 "Dance Theater:3color Forinters" 출연
- 2019년 기획공연 "CUBE" 기획 연출 및 안무
- 2019년 5월 ITALY Festival Dell Oriente 해외공연 출연
- 2019년 12월 ITALY Festival Dell Oriente 해외공연 출연
- 2020년 10월 서울무용제 안효정 안무 "THE Power 38도" 출연

▶ 조타쿠나 기획 <점. 선. 면> 작품 공연

▶ <붉은 거미집> 국립극장 공연

▶ 한복 진흥 센터

▶ 신인 무용 콩쿨

▶ 이탈리아 공연 때

한국 춤은
세계적인
언어다

▶ 이탈리아 공연

▶ 용인시 독립운동 100주년 기념
이한응 열사 공연

현재 하시고 계신 일에 관한 설명을 부탁드립니다.

많은 사람에게 한국무용이라는 예술을 통해 감동을 전하고자 <Art Reem Dance>라는 예술 무용 단체를 설립하여 활동하고 있습니다. 직접 한국무용가로 활동을 하면서 학생들을 가르치고 있고 무용 안무도 같이하고 있어요. 더 많은 것을 학생들에게 알려주고자 지금은 박사 과정을 밟으며 공부를 하고 있답니다.

Question 타 장르와의 콜라보를 진행하게 된 계기가 있으신가요?

2015년도 이탈리아 베니스 비엔날레 공연에 참여하게 되었어요. 아는 교수님과의 인연으로 공연을 알게 되었고, 한호 미술 작가님과의 미팅 이후 공연에 참여하였죠. 원래 미술 작품을 좋아하기도 하고 스트레스를 받거나 영감을 받고 싶을 때 미술관에 가곤합니다. 미술 작가님과 인연이 되어 세계적인 축제에 참여하게 된 영광적인 순간이었죠. 2015년도에는 융합이라는 단어가 보편적인 시대는 아니었어요. 콜라보가 있긴 했지만 자주 있는 일을 아니었던 거로 기억합니다. 유명하신 선생님들과의 협업은 정말 흥분되고 감사한 일이었죠. 한호 선생님 이외에 김남식 교수님, 백제 가야금 팀, 노종락 선생님 등 많은 분과 작업을 하다 보니, 왜 그 분야에서 왜 명성을 얻으셨는지 깨닫게 되었죠. 함께 작업하는 과정이 저에겐 영광이었고, 가치 있는 시간이었어요.

▶ 베니스 비엔날레
동상이몽 공연

작품은 위안부 할머님들의 이야기였어요. 세계적인 축제에서 작품을 알리는 것과 동시에, 할머님들의 일들이 널리 알려지고 해결되길 바라는 마음으로 작품에 임했죠. 작품 공연은 2015년 5월이었지만 3월부터 혼자 작품 공부에 들어갔어요. 저는 공부를 많이 하는 편이거든요. 깊이 파고들어 연구하고, 무대와 동작 하나하나 계산하고 시뮬레이션을 돌리죠. 세계적인 무대에서 작품을 하며 느낀 점은 '언어는 통하진 않아도 마음은 통한다.'였어요. 추상적이지만 춤을 추는 사람이 진실한 마음을 갖고 있으면 그 진심이 관객에게 전달되더라고요. 무용가의 마음은 곱고 예뻐야 한다며 제가 처음 한국무용을 배우던 당시 김정숙 선생님께서 말씀해주셨어요. 지금은 그 말씀이 무슨 뜻인지 이해가 돼요. 결국, 몸으로 표현하는 한국무용을 통해서 내면의 감정이 관객에게 전달이 되니까요.

Question 가장 기억에 남는 공연이 있나요?

거의 다 기억에 남지만, 처음 안무 작품을 공연할 때가 가장 기억에 남아요. 직접 안무도 하고 무용가로도 뛰었었죠. 무용가로만 할 때는 무용만 고민하고 작품에 임했는데, 안무가이면서 무용가로 공연을 준비한다는 건 쉽지 않더라고요. 그래서 공연 당시 눈물이 났었죠. 당시에는 그 작품에 너무 몰입해서 눈물이 났다고 생각했는데 되돌아 생각해 보니, 처음으로 안무가와 무용가로서 맡은 공연 준비를 하면서 힘들었던 시간이 스쳐 지나가서 눈물이 나지 않았나 싶네요. 그리고 해외에서의 공연은 모두 기억에 남아요. 외국 분들은 생각보다 한국무용을 신기하게 바라보며 궁금해하세요. 그리고 굉장히 좋아해 주시죠. 해외공연을 많이 다녀봤지만, 한국 춤만큼 아름다운 춤은 없는 것 같아요.

한국무용가로서 가장 보람을 느끼는 순간은 언제인가요?

아무래도 공연이 잘 나왔을 때가 가장 기쁘죠. 그리고 제 공연을 보고 누군가가 감동하였다는 이야기를 전해주실 때 그것 또한 저에겐 큰 감동이랍니다. 누군가가 힐링을 하고 좋은 에너지를 얻었다는 사실만으로도 저에게 가장 큰 행복이고 큰 보람이에요.

Question **한국무용가로서 더욱더 도약하기 위한 구체적인 활동이 있으신가요?**

관객을 만나는 공연, 실연자로서는 관객들에게 좋은 에너지를 주고 좋은 공연을 선사하는 게 한국무용가로서 의무라는 생각이 드네요. 코로나로 인해 공연이 없어서 아쉽긴 하지만 공연장에서 만나는 한분 한분의 관객들에게 감동과 좋은 에너지를 드리고 싶어요. 좋은 공연을 만들기 위해 하루하루 성실하게 임하며 배움을 멈추지 않고 꾸준히 나아가고자 노력하고 있어요. 미래를 생각하며 제가 맡은 일에 최선을 다하는 거죠. 그리고 지치지 않게 삶의 균형을 잡아가며 한국무용의 공부를 이어가며 춤을 추고 싶답니다. 감동을 전해주는 예술가로서 책, 신문 등도 꾸준히 읽으며 세상의 흐름에 대해 알기 위해 노력하고 있어요.

Question **앞으로의 계획은 무엇인가요?**

지금은 제가 주목받고 있고 한국무용가로서 감사히 공연하고 있지만, 앞으로는 무용하는 친구들의 미래를 위해 일하고 싶어요. 무용하는 친구들이 훗날 나아갈 수 있는 발판을 만들어 주고 싶어요. 그래서 엔터테이너를 설립해 한국무용 분야의 자생력을 갖는 것을 큰 목표로 하고 있답니다. 순수 예술 분야는 아직 자생력이 크지 않거든요. 그런 부분에서 자생력을 키워 친구들이 발판 삼을 수 있는 구조를 만들어 주고 싶은 꿈이 있어요. 사실 지금으로서는 몹시 어렵죠. 하지만 지속해서 꿈꾼다면 가능하다고 믿습니다. 오늘이 제일 젊은 날이잖아요. 저의 목표를 향해 하나하나 배우며 한 단계씩 천천히 밟아 가는 중이에요. 학생들에게 든든한 스승이자, 발판이 되어줄 저의 미래를 함께 응원해주세요. 저로 인해 실력이 늘고 긍정적인 방향으로 나아가는 후배들의 모습이 저에게 큰 행복이 되더라고요.

Question 한국무용가를 꿈꾸는 학생들에게 조언 한 말씀.

한국무용을 한다는 건 굉장히 매력적인 일이고 행복한 일이죠. 춤을 춘다는 것 자체만으로도 즐거운 일이라고 생각해요. 하지만 한국무용을 하면서 중고등학교, 대학교를 거쳐 성인이 되면 쉽지 않다는 걸 느끼기도 할 거예요. 그럴 때 좌절하지 말고 도전해보고 좀 더 과감해지길 바랍니다. 뭔가를 한다는 건 시작 전엔 늘 두렵지만, 막상 시도하고 나면 경험이란 큰 선물을 주거든요. 어떤 경험이든 괜찮아요. 최선을 다한다면요. 끝까지 후회 없을 만큼 최선을 다해보면 분명 나만의 큰 자산이 생길 거예요. 그리고 남과 비교하거나 질투하거나 게으른 태도는 버렸으면 좋겠어요. 불평불만만 계속 늘어놓다 보면 정말 앞이 안 보이거든요. 현실적인 감각을 가지되 긍정적으로 임하세요. 미래에 대해 큰 걱정이 앞서겠지만, 긍정적으로 임하는 태도는 어디에서든 환영받을 거예요. 예술가는 지식적으로 많은 것을 알아야 표현이 나오게 돼요. 재미없는 이야기일 수 있지만, 책 읽는 걸 추천합니다. 내가 살아보지 못한 인생을 책으로 간접경험도 하고 지식도 쌓고 때로는 힐링이 되는 글을 발견할 수도 있어요. 최고의 한국무용가가 되기 위해서는 정말 꾸준한 태도가 필요해요. 공연에 임하는 태도, 관객을 대하는 태도가 결국 자기 자신이 되죠. 자신의 가치는 결국 자신이 만들어 가는 거거든요. 이 책을 읽는 분들께 가깝고도 먼 곳에서 항상 응원한다는 말을 꼭 전해주고 싶어요.

어린 시절 아이돌 가수가 꿈이었으나 어느 순간 가수들 뒤에서 춤추는 댄서들이 더욱 매력적인 모습으로 다가왔다. 중고등학교 시절엔 쉬는 시간이나 점심시간, 방과 후 시간 등 잠깐의 시간이 생길 때마다 춤만 바라보며 시간을 보냈다. 이런 학창 시절을 보내고 나니 춤은 자신의 분신과 같은 존재가 되었고 결국 댄서가 되기로 마음먹었다. 고등학교 시절을 보내면서 춤에 대한 애착은 더욱 강해졌다. 진로를 고민하는 과정에서 다른 길을 선택해야 하나 고민한 적도 있었지만, 춤을 출 때 가장 큰 행복을 느낄 수 있었기에 춤을 포기할 수 없었다. 댄서가 된 이후에도 배움을 게을리하지 않고자 노력했고 또 배운 것을 많은 사람과 나누고자 했다. 그런 경험을 바탕으로 지금은 댄서를 꿈꾸는 사람들에게 도움을 주는 지도자의 길을 걷고 있다. 댄서로 활동하면서 슬럼프에 빠졌던 시절이 있었다. 도움을 줄 수 있는 주변 사람들이 없었기에 혼자서 극복해야만 했다. 혼자 극복하는 과정이 힘들었기 때문에 슬럼프에 빠진 사람들에게 도움을 주려는 마음가짐을 늘 품고 있다. 사람들과의 관계를 소중히 하고, 춤을 사랑하는 마음을 지금까지 이어오고 있다. 춤을 보는 사람 모두에게 그 순간만큼은 가장 행복한 순간을 선사하기 위해 댄서의 길을 묵묵히 걷고 있다.

이대규 스트릿댄서

• 한국예술원 실용무용학부 졸업

수상
• 'Kungfu panda ball Vol.2' Virgin Vogue 우승
• Mangwon Ball Biginner vogue ota 우승 외 다수

참여작
• 영화 '턴더스트릿' 안무지도 및 출연
• 청하 'Stay Tnight' 'Dream of You' 메인댄서 참여
• 슈가맨 양동근 댄서 참여 외 다수

무용가의 스케줄

이대규
스트릿댄서의
하루

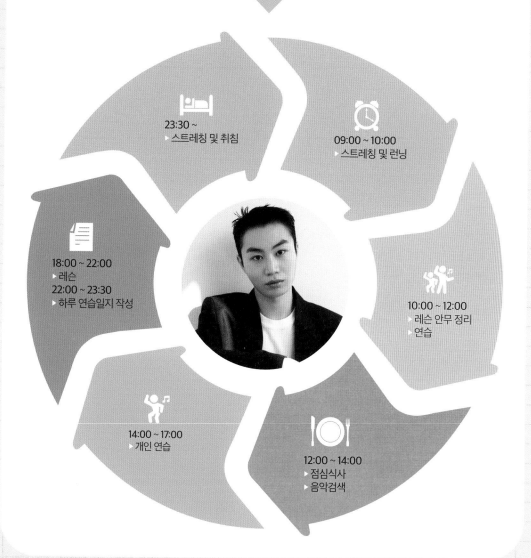

23:30 ~
▸스트레칭 및 취침

09:00 ~ 10:00
▸스트레칭 및 런닝

18:00 ~ 22:00
▸레슨
22:00 ~ 23:30
▸하루 연습일지 작성

10:00 ~ 12:00
▸레슨 안무 정리
▸연습

14:00 ~ 17:00
▸개인 연습

12:00 ~ 14:00
▸점심식사
▸음악검색

아이돌을
향한 꿈이
댄서의 열정으로
바뀌다

▶ 학창시절

▶ 학창시절

▶ 학창시절

Question 어린 시절을 어떻게 보내셨나요?

힘든 일이 있어도 웃으며 넘길 정도로 늘 밝고 웃음을 잃지 않는 학생이었어요. 친구들의 부탁도 거절하지 못했던 저는 친구들이 바보 같다고 놀릴 정도였죠. 그래도 늘 친구들은 저에게 밝고 긍정적인 에너지가 넘친다는 이야기를 많이 해줬어요. 긍정적인 에너지가 풍긴다는 건 좋은 이야기잖아요. 사실 지금도 긍정에너지가 넘치는 일상을 살아가고 있답니다.

Question 진로에 관해서 부모님과의 충돌은 없으셨나요?

학창 시절에 누군가가 '커서 뭐가 되고 싶냐'고 물으면 '앵커'라고 대답했었던 기억이 있습니다. 사실 앵커라는 직업에 대해 깊게 고민을 했다기보다 매일 밤 9시가 되면 부모님께서 TV 뉴스를 시청하셨거든요. 옆에서 지켜보니 세상 돌아가는 상황을 온 국민에게 전달해주는 앵커라는 직업이 굉장히 멋져 보였습니다. 또한 초등학교 방송반에서 아나운서로 뽑혀서 아침 교내방송을 진행했는데, 교장선생님께 특별히 칭찬을 받기도 했거든요. 정말 제가 뉴스 진행에 소질이 있다고 생각했던 것 같습니다.

Question 부모님의 반대를 어떻게 이겨내셨나요?

부모님 몰래 학교나 피아노학원 가기 전에 옥상에서 혼자 노래와 춤을 연습하곤 했어요. 집에서 혼자 있는 시간엔 TV에 비치는 제 모습을 거울삼아 연습했었죠. 마이크 대신 두루마리 휴지 심을 손에 쥐고요. 가수가 되고 싶은 마음이 간절했던 만큼, 가수들의 노래 가사는 물론 무대에서 하는 제스쳐 하나하나 똑같이 따라 하며 다 외울 정도였으니까요.

가수에서 댄서로 바뀐 이유가 있나요?

가수만 바라보던 저의 눈에 어느 순간 가수의 뒤에서 춤을 추는 댄서분들이 들어오더라고요. 그때부터 댄서들을 관심 있게 바라보고, 그 직업에 대해 찾아보기 시작했죠. 자신이 하고 싶은 말을 노래에 맞춰 몸으로 표현하는 댄서들이 멋있게 느껴졌고, '나는 댄서가 되어야겠구나.'라는 확신이 들었죠. 그때부터 미친 듯이 춤만 추기 시작했어요. 역시나 댄서가 되겠다는 꿈도 부모님께서 반대하셨기에 댄스학원을 다닐 수 없었어요. 그래도 학교 동아리에서 연습할 기회는 주셨었죠.

Question **중고등학교 시절에 춤은 전혀 배우지 않으셨나요?**

맞아요. 대학교 진학 전까지는 춤을 전문적으로 배워 보진 못했어요. 그때 당시는 학원도 많이 활성화되지 않았기에 독학으로 춤을 배우는 분위기였죠. 사실 고등학교를 예고로 진학하고 싶은 마음이 커서 부모님을 꽤 오랜 시간 설득했었어요. 어렵게 시험을 보러 갈 기회를 얻었는데, 안타깝게도 떨어지고 말았죠. 부모님께선 불합격하면 제가 포기할 거로 생각하셨겠지만, 오히려 오기가 생기더라고요. 예고에 떨어진 후에 할 수 없이 일반 고등학교에 진학했지만, 포기하지 않고 정말 미친 듯이 춤 연습을 했답니다.

Question 중고등학교 시절, 춤과 관련한 에피소드를 소개해주세요.

워낙 공연하는 것을 좋아해서 초, 중, 고등학교의 모든 축제에서 항상 무대에 섰어요. 처음부터 춤을 잘 추지는 못했어요. 초등학교 때 기억이 나는 한 에피소드가 있어요. 처음으로 친구들과 댄스 공연을 하게 되었는데, 같이 공연하는 친구들이 다 춤을 잘 췄거든요. 그 당시엔 제가 몸치였어요. 너무 몸이 안 따라주니까 친구들이 공연 도중에 나가라고 소리친 적도 있었답니다. 사실 이 사건은 제게 가장 큰 터닝포인트가 되어줬어요. 승부욕이 생기더라고요. 춤이 너무 좋은데, 못 춘다고 놀리는 친구들 때문에 포기하고 싶지 않았어요. 놀렸던 친구들 앞에서 당당하게 춤으로 인정받는 날을 꿈꾸며 미친 듯이 연습했죠. 역시 노력을 이길 수 있는 건 없는 것 같아요. 그때 이후로 저의 실력은 점차 좋아지기 시작했고, 결국 모든 친구에게 인정받는 실력을 갖출 수 있었답니다.

Question 학교에 댄스 연습실을 만들었다고요?

중학교 1학년 때, 다니던 학교에 댄스 연습실이 없어서 항상 운동장에서 연습하곤 했거든요. 그러다 보니 학교에 연습실이 있으면 좋겠다는 생각이 문득 들었죠. 학교에 댄스 연습실을 만들어달라고 요구하기 위해서는 그만한 결과를 보여줘야 할 것 같았어요. 그래서 제가 주도해서 댄스동아리를 만들었고, 모든 대회에 참가하여 상을 받아 실력을 인정받았죠. 그리고 나서 당당하게 교장 선생님을 찾아뵙고 '우리 학교에도 댄스 연습실이 있었으면 좋겠습니다. 댄스동아리도 최선을 다해서 운영하겠습니다.'라고 말씀드렸지요. 교장 선생님께서 바로 허락해 주셨어요. 노력을 통해 보상을 얻은 첫 경험이라 뿌듯하고 기억에 남네요.

고마운 친구들, 행복한 댄서

▶ 연습실에서

▶ 공연 준비

▶ 연습실에서

▶ 프로필 사진

대학교 진학 전까지 저는 친구들과 춤을 추며 학창 시절을 보냈어요. 어린 시절부터 춤을 배웠다면 선생님이 롤모델이 되어주시지 않았을까 싶네요. 제가 댄서가 되고자 결심하기까지 가장 큰 영향을 준 사람들은 바로 제 친구들이었어요. 저에게 항상 말해줬거든요. '대규야, 넌 춤출 때 진짜 행복해 보여.'라고 말이죠. 멋있고 유명해질 수 있는 꿈과 방법들에 대한 유혹도 있었죠. 하지만 제가 다른 직업을 선택했다면 지금보다 행복할 수 있었을까요? 지금처럼 오랜 시간 꾸준하게 노력하고 지속해 올 수 있었던 건 바로 춤추면서 느끼는 행복감 때문일 거예요. 친구들이 제게 해준 이야기들이 댄서로서의 삶에 확신을 줬죠. 친구들이 아니었다면 지금의 저는 없었을지도 몰라요. 그래서 친구들에게 정말 고맙다고 꼭 말해주고 싶어요. 덕분에 이렇게 좋은 직업을 선택해서 행복하게 춤을 추고 있다고 말이죠.

Question 결국 춤과 관련한 학교로 진학했는데, 어떠셨나요?

대학교에 진학한 뒤, 공연과 배틀을 정말 많이 했어요. 활동의 범위가 넓고 다양했죠. 대학에 진학하면 진로 고민이 없을 거로 생각했는데, 사실 또 다른 고민이 생겨나더라고요. 학생의 신분일 때는 학교 내에서 계속해서 배워나가는 시간이 주어지잖아요. 배움에만 집중할 수 있는 환경이지만, 졸업 이후는 완전히 달라지기에 고민을 하지 않을 수가 없더라고요. '졸업 후에는 어떻게 살아야 할까? 교수가 되어야 할까? 어떤 분야에서 댄서로 활동해야 할까?' 이런 고민이 생겼죠. 고민하면서 조금씩 방향을 세우기 시작했는데, 전 누군가에게 무엇을 알려줄 때 큰 행복을 느낀다는 사실을 깨달았죠. 춤도 가르쳐주고 더 나아가 공연기획까지도 알려줄 수 있는 사람이 되고 싶어졌어요. 그래서 다양한 분야를 공부하면서 춤을 기반으로 한 공연이나 배틀을 실제로 만들어보기도 했죠. 옷 브랜드 광고도 춤으로 표현해보고 최대한 많은 것을 시도하고 도전했어요. 생각보다 할 수 있는 것들이 많더라고요. 지금도 많은 도전을 하고 있답니다.

스트릿댄스를 처음 접하게 된 계기는 무엇인가요?

스트릿댄스를 처음 접하게 된 것은 동아리 선생님 덕분이었어요. '어떤 노래에 춤을 배워 볼래?'라고 선생님께서 질문하셨는데, 제가 외국 노래에 춤을 춰보고 싶다고 말씀드렸거든요. 그래서 선생님께서는 외국 노래에 춤출 수 있는 다양한 장르의 댄스를 알려주셨죠. 수업 후에 집에 돌아가 스트릿댄스에 대해 찾아보기 시작했어요. 스트릿댄스의 모든 장르가 다 매력적이고 재미있는 거예요. 장르별 영상을 하나하나 찾아보며 점차 그 매력에 더 빠지게 되었죠. 사실 스트릿댄스도 좋아하지만, 현대무용도 좋아했어요. 현대무용은 큰 미술관에 걸려있는 작품을 보는 것 같은 큰 감동이 있더라고요. 감정 전달이 어려운 면은 있지만, 동작 하나하나가 섬세하고 스트릿댄스와는 다른 매력이 있더라고요.

스트릿댄스의 어떤 장르를 좋아하셨나요?

대학 진학 전까지는 스트릿댄스 중 하나인 왁킹이란 장르를 좋아했어요. 그래서 대학 진학을 위한 시험에서도 왁킹으로 응시했었죠. 밝은 제 성격에 잘 맞는 장르였고, 음악에 맞춰 주로 팔을 사용하여 춤을 추는 모습이 멋있더라고요. 대학교에 들어가게 되면서 다양한 장르의 댄스 수업으로 타 장르의 춤도 접하게 되었답니다. 4년 내내 과대표를 하며 학과 수업에도 열심히 임했죠. 스트릿댄스 안에는 정말 수많은 장르의 춤이 있어요. 그중 자기가 가장 하고 싶고 잘 맞는다고 생각하는 장르를 먼저 선정하는 게 좋아요. 댄서로서의 삶을 살고 있지만, 춤에는 답이 없거든요. 일상생활 속에서 사용하는 몸의 움직임들까지도 춤이 될 수 있어요. 어렵게 생각하지 않으셨으면 좋겠어요. 지금 노래를 들으면서 살짝만 움직여도 그게 바로 춤이 된답니다.

스트릿댄서로 데뷔한 것은 언제였나요?

가수나 배우처럼 정확하게 데뷔라고 지칭하기는 어려울 것 같아요. 제가 본격적으로 공연을 하면서 배틀에 나가게 된 시점이 아마도 데뷔라고 말할 수 있는 시기이지 않을까요? 대학교 1학년부터 활발하게 활동하기 시작했어요. 첫 배틀은 대학교에서 주최하는 신입생들을 위한 신입생 배틀이었어요. 사실 한 번도 배틀을 해본 경험이 없었기 때문에 출전을 앞두고 고민했었지만, 한번 해보자는 마음으로 도전을 했었죠. 운이 좋게도 16강까지 올라가서 본선에 진출하게 되었어요. 아쉽게 16강에서 떨어지고 말았지만요. 하지만 이 배틀이 저에게는 댄서로서의 시작점이 되어주었죠. 신입생 배틀을 발판삼아 수많은 배틀에 도전하기 시작했어요. 다양한 공연에 참여할 기회도 많아졌고요. 처음이 가장 어렵잖아요. 누구나 처음이라는 단어를 들으면 막막하고 두려운 감정을 느끼게 되죠. 근데 막상 시작해보면 두려움도 잠깐일 뿐, 거짓말처럼 쉬워지더라고요.

▶ 활동모습

▶ 공연

공연은 정말 수없이 많이 했었죠. 가수 '청하'와 함께 활동도 했어요. 청하 누나의 'Stay Tonight', 'Dream of You'라는 곡의 메인 댄서로서 활동도 했답니다. 중국에서 열리는 'Kungfu panda ball vol. 2'에서 'Virgin vouge' 카테고리의 우승을 거머쥐기도 했죠. 'Graphy'라는 잡지에 모델로 섭외되어 촬영도 했었고요. 춤 이외의 영역에서도 활발하게 활동하고 있답니다. 많은 분이 댄서는 춤만 추고 춤과 관련된 활동만 한다고 생각하시기도 해요. 잡지 모델로 참여하면서 춤 선을 표현하여 포즈를 취하기도 하고요. 의류 광고에 참여하여 해당 브랜드의 옷을 입고 촬영도 한답니다. 댄서라는 직업은 여러 분야와 콜라보를 진행하며 다양한 경험을 해볼 수 있어 더 매력적이랍니다. 선택과 경험의 폭이 넓은 직업이죠.

현재 학생들을 지도하고 있고, 'House of Love'라는 보깅팀에서 댄서로서 활동하고 있어요. 이전에는 학원에 소속되어 고정 스케줄로 학생들을 지도했었는데, 유동적으로 시간을 사용하는 게 더 좋더라고요. 그래서 다양한 학원에서 학생들 레슨을 진행하고 있어요. 워크숍도 하고 아이돌 트레이닝도 진행한답니다. 레슨 이외의 시간에는 저만을 위한 시간을 가지려고 노력하는 편이에요. 자기 계발을 위해 춤을 더 배우는 시간을 갖는 편이죠. 또 공연이나 영상작업을 하게 되면 춤을 통해 다양한 감정을 전달하게 되는데요. 표정이나 연기 요소도 중요하다는 생각이 들더라고요. 더 섬세한 감정표현을 하고 싶어지니 연기에도 흥미가 생겨서 최근에는 연기 공부도 하고 있답니다.

▶ 공연

몸으로
행복을 전해요

▶ <Graphy>잡지 촬영

▶ 공연

스트릿댄스 중 자신이 추구하는 스타일의 댄스에 대해 자세히 알려주세요.

저는 몰입도 있는 춤을 좋아해요. 컨셉 있는 춤도 좋아하고요. 뭔가 춤출 때만큼은 평상시의 저와는 다른 모습이길 바라거든요. 그래서인지 지인들은 제게 '평상시랑 춤출 때랑 정말 다르구나.'라는 말을 자주 해요. 제가 워낙 표현하고 연기하는 걸 좋아해서 컨셉들도 다양하게 잡는 편이에요. 예를 들면 화가 나거나 슬픈 감정들을 잡는다던가, 귀신과 같은 역할로서의 컨셉 등이 있죠. 영화나 드라마를 통해서도 영감을 많이 받아요. 다른 사람과는 차별화되는 저만의 스타일이 확고한 편이죠. 저의 춤을 보는 관객들에게 '전 이런 생각을 하고 있어요. 지금 이런 감정들을 표현하고 있어요.'라고 확실하게 전달하고 싶은 마음이에요. 같은 곡이라도 저만의 스타일 해석하고 표현할 때의 쾌감이 있거든요. 다른 사람들과는 다른 독특한 매력의 댄서가 되기 위해 노력하고 있답니다.

Question 가장 기억에 남는 공연이 있나요?

참여했던 모든 공연이 소중하고 기억에 남지만 꼭 하나 뽑으라고 한다면, 대학교 졸업 공연을 뽑을래요. 학생으로서의 마지막 무대여서 기억에 남기도 하지만, 4년간 배우고 연습하고 노력해온 모든 시간을 쏟아낼 수 있는 시간이었거든요. 부모님께서도 졸업 공연을 보러 오셨었죠. 졸업 공연의 엔딩이 저의 무대였는데, 순서를 기다리며 무대에 오르내리던 친구들의 표정이 아직도 생생해요. 한껏 긴장된 표정으로 후회 없는 무대를 만들고자 하는 의지가 보이던 입장 때의 모습, 마지막 공연을 마치고 기쁜 모습으로 내려오던 모습들이요. 준비하는 과정이 힘들었던 만큼 무대가 끝나면 그저 기쁘기만 할 줄 알았는데, 마지막이라는 생각에 서운함과 아쉬움을 숨길 수는 없더라고요. 저도 무대 들어가기 전에 많이 긴장했는데, 무대 마치고 내려오니 후련한 마음에 웃음이 나더라고요. 한편으론 아쉬운 마음에 눈물도 살짝 났었죠. 4년간의 대학 생활을 마무리하는 기분이 참 묘했던 기억에 남는 무대였답니다.

제가 사람들에게 좋은 영향을 끼치고 있다고 느낄 때 보람을 느끼죠. 말로 표현할 수 없는 것을 몸의 움직임으로 전달하는 것이 댄서의 정체성이죠. 그리고 저에게 춤을 배우는 학생들이 행복을 느낄 때, 그런 모습을 바라보는 저 자신이 더 행복하답니다. 무엇보다 제 춤이 다른 사람에게 영감을 줄 수 있을 때가 정말 뿌듯하죠. 똑같은 노래를 들어도 사람마다 생각하고 느끼는 것이 다른 것처럼, 댄서의 해석에 따라 다른 느낌의 안무들이 나오거든요. 저도 저만의 느낌으로 곡을 해석해서 전달하고 싶은 메시지를 표현하거든요. 그 메시지 속에는, 표현하기까지의 저의 많은 고민이 녹아있답니다. 저의 고민과 노력, 메시지가 잘 어우러져서 누군가에게 마음속 울림을 전한다면 그보다 더 뿌듯한 게 있을까 싶어요.

Question 앞으로의 목표는 무엇인가요?

많은 사람에게 춤을 통해 행복해질 수 있다는 사실을 알리고 싶어요. 지도자로서 학생들의 실력향상을 위해 잘 가르치고, 이끌어주는 것도 중요한 역할이겠죠. 하지만 아직은 저 자신이 댄서로서 많은 사람에게 영향력을 펼치길 원해요. 어떤 마음으로 춤을 춰야 더 오랫동안 춤을 출 수 있을지, 춤을 추는 동안 행복함을 느낄 수 있는지를 전하는 거죠. 지금이야말로 제가 많은 사람에게 저의 춤을 보여줄 수 있는 시간이지 않나 싶어요. 단순히 춤을 보여주는 것 이상으로 많은 영감을 주고, 배울 점이 많은 존경받는 댄서가 되기 위해 앞으로도 꾸준히 노력하려고 합니다.

무용의 길에 접어든 학생들에게 하실 말씀은?

　정말 끝없이, 후회 없이 도전했으면 좋겠어요. 자신이 얼마나 노력하고 연습에 시간을 투자했는지, 관심 있는 춤의 장르에 대해 얼마나 관심을 두고 공부했는지에 따라 댄서로서의 역량이 달라질 거예요. 분명 힘들고 포기하고 싶은 순간들이 찾아올 거예요. 하지만 그 순간이 너무 힘들다고 해서 도망가거나 포기해버린다면 후회로 남지 않을까요? 다른 길을 찾기 위한 고민을 할 시간에 하나라도 더 시도해보고, 어떻게 버텨낼 수 있을지 고민해보며 그 순간을 이겨냈으면 좋겠어요. 그러면서 더 단단해진 자신을 발견하게 될 거예요. 저는 힘든 순간이 찾아오면 춤을 추면서 가장 행복했던 순간들을 떠올려요. 그 순간들을 머릿속에 그리는 순간 힘듦을 이겨낼 수 있는 에너지가 생기더라고요. 열심히 하다 보면 누군가 여러분의 가치를 알아보고, 많은 기회가 찾아올 거예요. 기회가 올 때, 놓치지 않고 잡는 것도 중요하지만 초심을 잃지 않으려는 노력도 함께 하시길 바랍니다. 노력한 만큼 얻어낸 성과이지만 자만하지 않고 겸손하게 임하는 자세가 더 오랫동안 본인의 가치와 기회를 유지할 수 있는 원동력이 되지 않을까요? 댄서는 몸을 쓰는 직업인만큼 부상의 위험이 언제나 있어요. 과도한 욕심을 부리다 보면 큰 부상을 당하게 되더라고요. 다치지 않도록 조심하는 것도 자기관리의 영역인 만큼 조심 또 조심했으면 해요. 항상 스트레칭과 올바른 자세로 춤을 추도록 노력하면서 자신에게 맞는 동작을 찾는 것도 방법이겠죠. 먼 훗날 댄서의 꿈을 꾸는 여러분을 필드에서 만나기를 기대합니다. 춤출 때 행복한 댄서가 될 여러분을 응원합니다. 언제나 화이팅!

▶ 연습실에서

▶ 활동 모습

무용가에게
청소년들이 묻다

청소년들이 무용가에게
직접 물어보는 9가지 질문

 대학을 춤과 관련 있는 학교로 진학하셨는데,
부모님께 어떻게 허락받으셨나요?

한동안 부모님의 반대가 있으셨지만, 댄서가 되고 싶다는 마음이 확고했어요. 그래서 댄서가 되겠다는 저의 꿈을 부모님께 인정받아 당당하게 관련 학과로 진학하고 싶었죠. 열심히 연습하는 것은 기본이었고, 대회에 출전하여 받은 상들을 보여 드리며 구체적인 미래계획을 부모님께 말씀드렸어요. 저의 확고한 목표와 노력을 느끼셨는지 고3이 되던 해에 부모님께서 저의 진로를 허락해주셨어요. 춤을 추는 게 이렇게 행복한데 어느 누가 말릴 수 있겠어요? 댄서라는 직업에 특정 조건이 필요한 건 아니잖아요? 춤추는 게 행복하다면 누구나 댄서가 될 자격이 있다고 생각해요. 부모님의 허락과 동시에 한국예술원이라는 대학교에 합격했어요. 그날이 아직도 생생하게 기억나네요. 4교시가 끝나고 점심 먹으러 가려고 준비하는데 합격 문자가 딱 도착한 거예요. 표현하기 어려울 정도로 너무 기뻤어요. 함께 있던 친구들까지도 함께 기뻐하며 축하해줬었거든요. 잊을 수 없는 기억이죠.

 예고 진학 전에 미리 무용 장르를 정하고 입시를 준비하나요?

처음부터 신경을 쓰고 들어간 건 아니었고 학교에서 현대무용을 배정해주는 느낌이었죠. 체력훈련 같은 것들을 초반에 시키는데, 체력도 좋고 스트레칭도 잘 되니까 형들이 현대무용을 추천해줬어요. 보통은 한국무용이 체격이 좋고 그다음이 발레-현대무용 순인데, 지방의 경우엔, 체격보다는 움직임이 좋은지를 더 중요하게 보는 편이에요. 그래서 움직임의 영역이 넓고 체격이 예쁘면 발레, 움직임이 좋고 스트레칭이 잘 되면 현대무용, 스트레칭이 좀 덜 되면 한국무용으로 분류를 했었어요. 저는 비보잉으로 춤을 시작했었기 때문에 예고 진학 후에 선생님들께서 발레, 점프 등 기본적인 훈련에 더 집중해서 지도해주셨죠. 그 덕분에 기본기를 더 다질 수 있었죠.

무용가의 직업이 다른 직업과 다른 점이 있을까요?

무용가는 다른 직업들과 시간개념이 조금 다르다는 점이 특이사항인 것 같아요. 일반 회사는 평일에 일하고 주말에 쉬지만, 공연예술인 한국무용의 경우엔 주말에 공연과 행사가 많거든요. 또 날씨가 좋은 봄, 가을에 공연이 많기에 날짜와 시간개념이 조금 다르죠. 사람들이 놀러 갈 때 공연을 해야 하는 아쉬운 부분도 있지만, 무대에서 공연하고 나면 그만큼의 행복도 없는 거 같아요.

발레무용가가 되기까지 어떤 과정을 거치셨나요?

주로 무용과의 발레전공은 예중, 예고, 예대를 이어서 다니는 경우가 대부분이에요. 저 또한 그랬었고요. 학원에서 교육을 받기 시작하지만, 예술학교 진학 후에는 교내에서 훈련하고 입시를 준비하게 돼요. 국립발레단이나 유니버설 발레단에서 활동하는 단원 중에 중학교 때부터 봐왔던 선후배들과 같은 학교 출신들이 많을 정도로 일종의 정해진 코스처럼 교육과정이 존재하는 것 같아요. 한예종 무용원 실기과는 대부분 실기수업으로 구성되어 있어요. 전공발레, 파드두(남녀듀엣), 부전공 등 하루 6시간 정도의 실기수업이 진행되죠. 이론수업은 무용 역사나 안무법 수업 등이 있어요. 교수님들의 공연활동이 많아서 수업 후에는 늦은 시간까지 공연 연습을 하거나 콩쿠르 준비를 하는 것이 대부분이랍니다. 사실 저는 발레전공 수업보다는 타과의 수업을 다양하게 청강하고, 학생회 활동에 열중하면서 대학 시절을 보냈어요. 듣고 싶은 연기 수업이 전공 실기 시간과 겹친 적이 있었는데 전공 실기를 포기하고 연기 수업을 청강했던 경험도 있었죠. 그래서 출석률이나 학점도 좋은 학생은 아니었어요.

댄서의 길로 접어들도록 영향을 준 특별한 사람이 있었나요?

특정 인물의 영향을 받았다기보다는 제가 좋아하던 댄서들에게 고루고루 영향을 받았던 것 같아요. 2000년대 초반에 활동하던 국내외 많은 댄서의 춤이 저에겐 가장 큰 영향 요소였어요. 청소년 시기에는 댄서들의 영상을 접하면서 가장 많은 영향을 받았고, 20살 이후부터는 그분들을 직접 만나기 위해 노력했어요. 최대한 많은 댄서를 직접 만나 이야기 나누고 춤을 배우며 진로를 구체화해나갔답니다. 특별히 동경했던 선배들도 많지만, 댄서마다 매력적인 요소가 다 달라요. 제가 좋아하는 댄서들의 좋은 면들을 잘 뽑아내어 닮아가고자 노력했었죠. 그래서 모든 면에서 도움을 준 한 분을 꼽기는 조금 어려운 것 같네요. 많은 분에게 두루두루 영향을 받았어요.

무대에 올라가기 전에는 어떤 생각을 하세요?

사실 저는 무대 오르기 전에 엄청나게 긴장하는 편이에요. 오늘 잘하면 오히려 다음날이 더 떨리는 스타일이라고 할까요? 나이가 들면서 점점 더 무서워지는 것 같아요. 예전에는 무대에 오르기 전에 힘을 빼고 팔굽혀펴기하면서 자신을 괴롭히는 편이었죠. 공연 날에는 긴장을 너무 해서 밥도 안 먹고 눈물 날 정도였어요. 그런데 어느 순간 사람들 앞에 설 수 있는 게 감사하다는 생각이 들더라고요. 그런 감사함의 감정을 느끼고 무대에 나가니, 관객들로부터 또 다른 에너지를 받게 되더라고요. 그러면서 점점 자신감이 생겼고, 지금은 소통하면서 무대를 느끼게 되었어요. 매번 공연 전 시행착오를 겪으면서 생긴 저만의 마인드컨트롤 노하우인 것 같은데요. '못하면 뭐 어때? 모르겠다! 망치자!' 이렇게 스스로 부담을 덜어 줄 수 있는 생각을 하고 무대에 올라가거든요. 그럼 오히려 더 잘 되더라고요. 심리적인 것들을 컨트롤하기 위한 노력을 하게 되죠.

진로를 결정할 때 어떤 것들을 중요하게 여기셨나요?

솔직한 저의 감정에 집중했어요. 지속해서 설레고 흥분시키는 일에 몰입했죠. 생각만 해도 싫고 미루고 싶은 일이 있고, 반면에 계속 머릿속에 떠오르는 일들이 있잖아요. 후자에 속하는 일들이 내가 흥미를 느끼고 좋아하는 일이라고 믿었어요. 선화예중을 다니던 당시에 무용과 학생들은 방과 후 활동으로 요가 수업을 듣는 것이 의무화되어있었어요. 흥미와 좋아하는 일을 추구했던 저는 몰래 힙합바지를 챙겨 들고 미술과의 힙합반 수업을 수강했었죠. 중학교 시절에 상당히 마른 편이어서 힙합 복장이 우스웠던 기억이 있네요. 클래식 발레를 좋아했지만, 저 스스로 발레리나의 기준에 완벽하게 부합하지 못한다는 콤플렉스를 가지고 있었거든요. 흑인 춤과 흑인음악에 심취할 수 있었던 힙합이 콤플렉스를 해소할 수 있는 돌파구가 되어줬어요.

댄스스포츠와 관련된 교육은 어떻게 받으셨나요?

댄스스포츠의 테크닉과 실력은 대학보다는 학원에서 더 많이 키울 수 있었어요. 댄스스포츠는 다른 스포츠와 달리 남녀가 한 조가 되어야 하죠. 하지만 대학에서는 커플을 함께 선발하는 제도가 마련되어 있지 않기 때문에 학교에서는 파트너 간에 이뤄질 수 있는 실질적인 훈련을 할 수 없답니다. 파트너십이 중요한 댄스 장르인 만큼 파트너와 함께 훈련할 수 있는 환경을 찾아가야 했거든요. 입대 전에 국내·국제 대회에서의 커리어를 쌓기 위해 2년을 휴학하기도 했고요. 휴학한 기간이 꽤 길어서 6년 만에 대학을 졸업했고, 바로 이어 석사과정까지 밟게 되었습니다. 서로의 여건에 의해 파트너십이 깨지는 경우도 종종 봤어요. 대학 진학 후 파트너십이 깨져버려 그만두는 친구들도 있었죠. 모든 전공자가 댄스스포츠를 평생직업으로 갖는 것은 아니랍니다.

한국무용을 배우고 나면 어떠한 길을 걷게 되나요?

한국무용 하는 친구들이 대학교에 진학하게 된다면 졸업 후 진로로 무용단만 고집하지 않았으면 해요. 무용에 관련된 직업이 생각보다 다양하거든요. 무용단이 아니더라도 자신과 맞는 직업을 선택하면 된답니다. 예를 들어 의상 디자인, 공연무대 감독, 무용 비평가, 무용 예술 심리치료사, 교수, 무용가, 무용선생님, 공연 조명 디자인 등 자신이 좋아하는 무용을 기반으로 다양한 분야에서 꿈을 펼칠 수 있어요. 자신이 잘하는 부분을 먼저 찾으세요. 그리고 그 분야로 공부를 하며 활동을 해보는 게 도움이 될 거 같아요. 국립 무용단이나, 시립, 도립 무용단은 입단하기 위해 몇 년이 될지 모르는 연습의 시간을 쏟아야 해요. 시간은 한정적이고 나이 제한이 있는데 대부분 막연히 준비하게 되거든요. 어떻게 하면 될지 모르는 현실적인 부분도 고려해야 한다고 생각해요. 그래서 무용가가 꿈이더라도 자신을 관심 있게 지켜보며 다른 것과 함께 준비한다면 향후 진로 방향을 전환할 때도 도움이 되지 않을까 싶어요. 중요한 건 자신이 잘하고 관심 있는 걸 공부하세요. 무용가가 꿈이라면 무용단 인턴 활동도 추천합니다. 각 무용단의 분위기와 춤 스타일을 경험할 수 있는 계기가 되거든요.

예비
무용가
아카데미

무용가 관련 대학 및 학과

출처: 커리어넷

무용과

학과개요

우리는 손짓, 몸짓을 통하여 감정을 표현하기도 하죠? 무용은 우리 몸의 다양한 움직임을 통해 내면세계를 표현하는 예술입니다. 무용과는 무용 장르별 실기교육을 통해 창작 실습과 관련된 이론을 겸비한 창의적인 예술인을 양성합니다. 또한 무용의 올바른 이해와 익힘, 그리고 이를 바탕으로 우리 춤의 발전과 정립 방향에 대한 꾸준한 탐구를 통하여 창의적인 무용인 양성을 교육 목표로 합니다.

학과특성

무용의 장르는 크게 한국무용, 현대무용, 발레 등으로 나뉩니다. 무용의 장르는 고정적인 편이지만 요즘에는 대중예술과 무용을 접목하여 무용 예술의 범위를 넓히는 일에도 힘을 쏟고 있습니다. 또, 무용은 사회적으로 특수 전문 분야여서 탄탄한 기본기를 바탕으로 합니다.

흥미와 적성

평소 다양한 문화예술 분야에 관심을 가지는 사람에게 적합합니다. 유연한 신체조건이 필요하며, 음악에 대한 리듬 감각이 있으면 더욱 유리합니다. 어릴 때부터 신체로 하는 고된 훈련에도 즐거움을 느끼고 오랜 연습을 견딜 수 있는 강인한 체력과 인내력도 필요합니다.

지역	대학명	학과명
부산광역시	부산예술대학교	휘트니스 실용무용과
	부산예술대학교	실용무용과
경기도	김포대학교	글로벌실용무용과
	김포대학교	글로벌실용무용학과
	동서울대학교	실용무용전공
	서울예술대학교	무용전공
	수원여자대학교	아동무용지도자과

무용학과

학과개요

무용은 인간 신체의 미적 움직임을 토대로 내면세계를 표현하는 예술입니다. 무용학과는 기본기를 바탕으로 다양한 기술을 개발하여 인간의 삶을 더욱 아름답게 가꾸어 나갈 무용 인재를 양성합니다. 다양한 무용 분야의 실기 및 이론교육 그리고 감상, 공연, 실습 등을 통해 무용으로 사회에 영향력을 발휘할 기회를 얻을 수 있습니다.

학과특성

현대무용과 한국무용, 발레 공연 등 무용 공연은 매년 증가하고 있습니다. 문화 수준이 높아지면서 무용을 즐기려는 사람들도 늘어나고 있습니다. 온라인 미디어 플랫폼을 이용한 새로운 형식의 창작무용이 앞으로 기대가 됩니다. 정부에서는 예술 분야를 지원하고 무용가의 생존권을 확보하기 위한 정책을 마련하고 있습니다.

흥미와 적성

무용가가 되려면 신체가 유연하고 균형감각이 있어야 합니다. 음악에 대한 감각이 있어서 음악에 따라서 몸의 리듬을 맞출 수 있어야 합니다. 무용도 예술 분야의 하나로서 창의성이 중요하며, 무용에 관한 현대적 이론에 대한 지식을 익힐 수 있어야 합니다.

지역	대학명	학과명
서울특별시	경희대학교(본교-서울캠퍼스)	무용학부
	국민대학교	무용전공
	동덕여자대학교	무용과
	상명대학교(서울캠퍼스)	스포츠 · 무용학부 무용예술학과
	상명대학교(서울캠퍼스)	스포츠무용학부
	상명대학교(서울캠퍼스)	무용예술학과
	상명대학교(서울캠퍼스)	스포츠무용학부 무용예술전공
	서경대학교	한국무용전공
	서경대학교	무용예술학과
	서경대학교	실용무용전공
	서울기독대학교	무용학과
	서울기독대학교	무용전공
	성균관대학교	무용학과
	성균관대학교	무용학전공
	성신여자대학교	무용예술학과
	세종대학교	무용과
	숙명여자대학교	무용과

지역	대학명	학과명
서울특별시	이화여자대학교	무용과
	한국예술종합학교	무용과
	한국예술종합학교	이론과(무용이론)
	한국예술종합학교	실기과
	한국예술종합학교	창작과
	한국체육대학교	생활무용학과
	한성대학교	한국무용전공
	한성대학교	발레전공
	한성대학교	무용학과
	한성대학교	현대무용전공
	한양대학교(서울캠퍼스)	무용학과
부산광역시	경성대학교	무용학과
	동아대학교(승학캠퍼스)	무용학과
	부산대학교	무용학과
	신라대학교	무용학과
	신라대학교	창조공연예술학부 무용전공
	신라대학교	무용과
대전광역시	대전대학교	무용학과
	충남대학교	무용학과
대구광역시	계명대학교	무용전공
광주광역시	광주여자대학교	무용학과
	조선대학교	공연예술무용과
	조선대학교	무용과
경기도	단국대학교(죽전캠퍼스)	무용과
	대진대학교	무용예술학부
	대진대학교	한국무용전공
	수원대학교	무용학과
	수원대학교	무용
	용인대학교	무용과
	용인대학교	무용학과
	중앙대학교 안성캠퍼스(안성캠퍼스)	공연영상창작학부(무용전공)
	한양대학교(ERICA캠퍼스)	무용예술학과
	한양대학교(ERICA캠퍼스)	생활무용예술학과
강원도	강원대학교	무용학과
충청북도	청주대학교	무용전공
충청남도	공주대학교	무용학과
	순천향대학교	무용전공
전라북도	예원예술대학교(임실캠퍼스)	무용학과
	예원예술대학교(임실캠퍼스)	무용전공
	우석대학교	실용무용지도학과
	전북대학교	무용학과
경상북도	대구가톨릭대학교(효성캠퍼스)	무용학과
	대구예술대학교	실용무용전공
	영남대학교	무용학전공
경상남도	경상대학교	민속무용학과
	창원대학교	무용학과

한국 무용의 세계

한국 무용(韓國舞踊)은 한국의 전통문화를 바탕으로 하여 만들어진 모든 종류의 무용을 말한다. 한국무용은 크게 **궁중무용·민속무용·가면무용·의식무용·창작무용** 등으로 나눌 수 있다.

한국무용의 원초적 형태는 국가적 의식 끝에 있는 축제(祝祭)의 흥이 어깨에서 구체화하여, 장단가락과 박자에 맞추어 온몸으로 퍼지는 춤사위를 한국적인 멋으로 승화한 것으로 집약할 수 있다. 그러나 삼국시대를 거쳐 고려·조선시대로 내려오면서 이러한 한국무용의 특성은 변형되었다. 고려·조선시대의 윤리와 사상의 근저를 이루었던 불교와 유교의 가르침은 자연스럽게 발로되는 감각적 육체의 미를 부정하였고 그 때문에 육체의 노출은 금기(禁忌)로 되어 왔다. 이러한 영향 아래 한국무용의 특성이 변형·정형화(定型化)된 것이 궁정무용(宮廷舞踊)이다. 이와는 대조적으로 궁정무용과 함께 한국무용의 양대산맥(兩大山脈)이라 할 민속무용은 한국무용의 고유 원형(原型)을 살리고, 중국의 무용을 흡수·소화한 것으로 경쾌하고 장중하며, 우아하면서도 변화가 거침없는 무용으로 발전하였다.

궁중무용

춤의 테마를 동작이 아니라 노래로써 설명한다는 점이 가장 큰 특성이 된다. 여기 사용되는 노래를 창사(唱詞)·치어(致語)·치사(致詞)·구어라고 하는데, 춤이 시작되자마자 제일 먼저 부르는 것을 선구호(先口號)라 하며, 춤이 끝날 무렵 퇴장하기 직전에 부르는 것을 후구호(後口號)라 부른다. 노래는 이 밖에 춤추는 중간에도 부르고 춤추면서도 부른다. 동작 면으로 보면 춤의 가락이 우아하고, 선(線)이 고우며 몸가짐이 바르고, 동작의 변화가 적어 다양하지 못하다. 사용되는 장단(長短) 및 박자(拍子)는 매우 유장(悠長)하며, 급하고 촉박한 것은 금기로 되어 있다. 또한 의상(衣裳)이 현란하고 구성이 장대하며 의상의 색조(色調)에서는 오행설(五行說)에 의하여 방위(方位)에 부합되는 것을 입었다. 반주에 사용되는 장단은 20박(拍)을 1장단으로 한 것, 16박을 1장단으로 한 것, 12박을 1장단으로 한 것, 10박을 1장단으로 한 것, 6박을 1장단으로 한 것, 4박을 1장단으로 한 것 등 6종이 있다.

민속무용

제약을 많이 받아 단조로운 가락으로 고정된 궁중무용과는 달리 원초의 자연스러운 가락이 잘 보전된 것이 민속무용이다. 한국의 민속무용은 원시 민간신앙의 잔재인 각종 제사와 서민 대중이 즐기는 세시풍속(歲時風俗) 중에서 자연발생적으로 싹트고 움터서 그때부터 민중과 결부·밀착되어 민중과 호흡을 같이 하고, 서민 대중의 생활환경 속에서 뿌리를 박고 오랫동안을 성장·발육되어 왔다. 민속무용은 어떠한 격식이나 일정한 법도(法度)가 필요치 않고 서민들의 정서와 소박한 감정을 적나라하게 표출한다는 데에 생명이 있다 하겠다. 대체적인 형성 시기와 발생 장소는 짐작되지만, 작자와 창작된 연대가 분명치 않은 점이다. 다른 민속예술 분야도 대개 그러하지만, 민속무용도 어느 한 사람이 창작한 것이 아니라 오랜 세월이 흐르는 동안 조금씩 틀이 잡히면서 발전하여 오늘에 이른 것이므로 당연한 일이다. 내용이 평민계급의 소박한 생활감정을 묘사했다는 점인데, 민속무용을 창작하고 이어온 것이 서민들이므로 수긍이 간다. 춤을 전개하는 데 있어 기본 되는 가락은 있으나 세부적으로는 개인의 창의성을 자유자재로 구사할 수 있다는 점으로, 이 점은 틀에 박혔다 할 수 있는 궁정무용과 가장 대조적인 점이다. 찬란한 의상이나 복잡한 무대장치가 없어도 적당한 넓이를 가진 장소면 어디에서도 출 수 있는 점이다. 장단(長短) 및 박자(拍子)는 염불(6박이 1장단), 타령(12박이 1장단) 등이 쓰이며, 그 밖에 남도 지방의 산조곡(散調曲) 장단과 무악(舞樂)인 살풀이장단 등도 사용한다.

현재 남아있는 한국 민속무용의 종류는 다음과 같다

• 농악무(農樂舞), 승무(僧舞), 강강술래, 한량무(閑良舞), 남무(男舞), 살풀이춤, 무당춤, 무동춤, 장구춤, 소고춤

가면무용

가면무용은 원시적인 신앙행사나 세시풍속의 행위에서 발생하였다고 할지라도 특정된 지역에 기반을 두고 그 지방에 뿌리를 박고 토착화되어서, 오랫동안 그 지역의 범위 안에서만 성행하고 성장하여 현재까지 전해진 춤을 말하는 것이다. 현재 각 지방에 남아 있는 탈춤(가면무용)들은 전체적으로 내용에 있어서는 대동소이하지만, 노는 형태에 있어서나 춤가락 면에 있어서는 각각 그 지방대로의 특징이 있다. 멀리 삼국시대에서 근세에 이르는 동안 궁정무인 정재(呈才)에서 서민들의 놀이인 산대춤에 이르기까지 민속예술의 뼈대를 이루어 온 것이 바로 가면무이다.

지역 분포에 따라 다음과 같이 나눌 수 있다.

• 중부형 탈춤
중부형은 서울을 중심으로 한 그 근교와 경기도 일원에서 추었다. 지금은 경기도의 양주산대(楊州山臺)놀이와 송파(松坡)의 산대놀이에만 보존되어 있다. 이 놀이들은 동일한 계통의 것이지만 아주 근소한 차이점이 있다.

• 경남형 탈춤
경남형은 경상남도 합천군 초계(草溪)의 밤마리라는 포구에서 발생하였다고 전해지고 있는 탈춤이다. 이를 오광대(五廣大)라고 한다. 오광대란 이름은 5행설(五行說)에 의거한 것이고, 이 놀이의 구성에 있어서도 다섯 과장으로 되어 있어, 5방신장(五方神將)·5문둥이·5양반(五兩班) 등이 등장하여 연희한다. 오광대는 경남 일대의 여러 곳에 전파되어 있었다가 거의 소멸해 없어지고, 지금에는 통영시와

고성군의 두 곳에 남아 있고, 이 춤들이 약화하고 변질되어 놀이화하여, 부산 동래구와 수영(水營)에 들놀이(野遊)로 남아있다.

• 해서형 탈춤

해서형은 황해도 봉산군을 주축으로 삼고, 근접한 해안선 지역과 내륙지방을 포함하여 여러 곳에 산재해 있던 탈춤이다. 봉산탈춤과 강령탈춤이 그 대표적인 탈춤으로, 같은 계통의 춤이지만 독특한 점을 지니고 있다.

• 기타 지역의 탈춤

기타지역으로는 함경도 북청사자놀이와 강원도 대관령 단오제의 관노가면(官奴假面)놀이와 경북 안동의 하회별신굿놀이에서의 탈춤 등이 있다.

의식무용

의식무용은 불교의 재의식(齋儀式)과 문묘·종묘의 제사에서 추는 춤이다. 이외에도 과거에는 원구단, 사직단(社稷壇 - 地神) 제사에서도 노래와 춤이 있었으나, 오늘날은 제사마저 폐지되었기 때문에 춤은 소멸하였다. 먼저 불교 계통의 무용은 나비춤, 바라춤, 법고춤, 목어, 타주(打柱) 가 있다. 불교 재의식 절차 중에는 '식당작법(食堂作法)'이라고 하는 순서가 있어서, 반드시 상기 5종의 춤을 추는 대목이 있다. 5종의 춤은 불경의 범음(梵音)과 북·징·장고·호적 등이 반주로 사용된다.

이외에 문묘와 종묘에서 추는 일무(佾舞)가 있다.

한국 의식무용의 특징은 의식 절차에 따라 춤이 진행되며 춤으로서의 독자성과 독립성이 희박하다. 또한 의식의 주체가 되는 사람의 신분직위(身分職位)에 따라 무원수(舞員數)가 결정되며 무용 종류에 따라 무용 도구가 달라지는 점이 독특하다.

창작무용

창작무용은 전통무용의 형식이나 현대무용의 형식을 토대 삼아 창작되는 새로운 무용을 말한다. 현재에 연희가 되는 한량무나 태평무는 모두 종래에 있던 춤이 아니고, 창작무로 보아야 할 부분들이다. 특히 한량무는 종래의 '무용극'적인 성격 대신 독무로 발전해 왔으며, 그 춤의 모티브 또한 '한량과 승려가 기생을 유혹하는 이야기'로서 풍자적인 요소를 띄고 있는 종래의 한량무와는 달리, 풍류를 즐기는 선비를 모티브로 하거나 나이 먹은 선비가 화려한 젊은 날을 회상하는 것을 모티브로 하는 쪽으로 발전했다. 후자의 경우에는 신무용가 조택원에 의해 안무 된 신무용 신노심불로(身老心不老, 몸은 늙었으나 마음은 늙지 않았다)라는 작품으로 신무용화된 일이 있으며, 이것이 다시 전통무용에 접목되면서 현대의 한량무로 넘어 온 것이라 할 수 있다. 태평무의 경우에도 김숙자(金淑子)가 보유하고 있는 경기도당굿의 한 과장으로서 추어지는 태평무가 있는데 이것을 모티브로 해서 한성준이 창작한 것이 현대에 흔히 추어지는 태평무의 원형이다. 이때의 태평무는 '왕의 춤', '왕비의 춤'으로 형상화된 것으로 현재 김숙자 부류의 그것과는 무구부터 차림이 모두 다르다. 이들 춤은 현재 모두 전통 무용으로 인정되고 있지만, 전통을 기반에 둔 창작춤으로 보아야 할 것이며, 태평무의 경우에는 한성준의 것 이외에도 그 제자 강선영이 왕십리도당굿의 장단을 중심으로 다시 짠 강선영류가 무형문화재로 지정된 만큼, '전통 있는 창작무용'으로 보는 것이 정확할 것이다.

출처: 위키백과

역사적으로 유명한 발레 작품

호두까기 인형

마리우스 프티파(Maruius Petipa)와 레프 이바노프(Lev Ivanov)의 안무와 표트르 차이콥스키(Pyotr Tchaikovsky)의 음악이다. 1892년 상트 페테르부르크에서 초연되었다.

로미오와 줄리엣

1938년 체코슬로바키아에서 초연된 윌리엄스 셰익스피어(Williams Shakespeare)의 성공에 기반한 이 클래식 작품은 레오니드 라브로브스키(Leonid Lavrovsky)의 안무와 세르게이 프로코피예프(Sergei Prokofiev)의 음악이다.

잠자는 숲속의 미녀

마리우스 프티파(Marius Petipa)의 안무와 표트르 차이콥스키(Pyotr Tchaikovsky)의 음악이다. 월트 디즈니를 통해 알려지고 1890년 상트 페테르부르크에서 특종으로 해석되었다.

돈 키호테

마리우스 프티파(Marius Petipa) 안무와 루드비히 밍쿠스(Ludwig Minkus)의 음악. 기본적으로 그것은 미겔 데 세르반테스(Miguel de Cervantes)의 작품 '돈 키호테'를 기반으로 한다. 그의 첫 번째 패스는 1869년 모스크바에서였다.

백조의 호수

1877년 모스크바에서 초연되었으며, 줄리어스 라이징거(Julius Reisinger)가 표트르 차이콥스키(Pyotr Tchaikovsky)의 음악과 함께 안무한 것이 가장 유명하게 알려진 음악 중 하나이다.

지젤

《지젤》 또는 《지젤 또는 윌리들》은 (Giselle ou les Wilis)은 아돌프 아당(프랑스어: Adolphe Charles Adam)의 음악과, 테오필 코티에(Théophile Gautier)와 쥘-앙리 베르누아 드 생 조르주(Jules-Henri Vernoy de Saint-Georges)의 공동 각본, 장 코랄리(Jean Coralli)와 쥘 페로(Jules Perrot)의 공동 안무로 창작된 발레 작품이다. 1841년 6월 28일에 파리 오페라 극장에서 초연된 이후로 낭만 발레의 대명사로 일컬어진다.

봄의 제전

단 30분의 짧은 발레다. 그러나 그것은 또한 역사상 가장 중요한 것 중 하나다. 프랑스 파리에서 처음으로 1913년에 초연되었다. 바슬라브 니진스키(Vaslav Nijinski)가 안무를 맡았고 이고르 스트라빈스키(Igor Stravinsky)의 음악이다.

한여름 밤의 꿈

가장 최근에 만들어진 발레 중 하나인 프레드릭 애쉬턴(Frederick Ashton)의 안무와 (펠릭스 멘델스존)Felix Mendelssohn의 음악이 특징이다. 그것은 모든 시간의 가장 잘 알려진 미국 발레 중 하나가 되었다.

신데렐라

이 발레의 기존 버전과는 달리, 1945년 모스크바에서 로스티슬라브 자하로프(Rostislav Zakharov)의 안무와 세르게이 프로코피에프(Sergei Prokofiev)의 음악으로 발표되었다.

실용무용의 종류

Jazz Dance (재즈댄스)

다양한 형식과 자유롭게 감정을 표현하는 춤.

아프리카 댄스, 발레, 현대 라틴댄스가 융합하여 어우러진 춤으로 리듬에 맞추어 허리 동작을 중심으로 몸을 움직인다. 일정한 형식과 틀에 얽매이지 않고 자유롭게 춤을 추며 무릎에 굴곡이 많고 역동적인 동작들은 몸의 분리와 손뼉에 의해 강조된다. 빠른 속도, 열광, 원, 비트 등 현대적인 춤의 성격을 띠고 있다는 점이다.

Tap Dance (탭댄스)

구두 밑창에 탭이라는 징을 박고 밑창의 앞부분과 뒤축으로 마룻바닥을 리드미컬하게 쳐서 쇠를 내며 추는 춤.

아일랜드와 영국의 랭커셔 주 지방의 클록댄스(신발 밑에 나무를 대고 마룻바닥을 빨리 밟아서 소리를 내며 추는 춤)가 마루에 유입, 니그로의 춤과 융합되어 19세기경부터는 주로 혹인 연예인들에 의해 민스트린과 보드밀 무대에서 추어졌다. 그 당시에는 노래와 코미디가 춤과 함께 펼쳐졌으나 1920년대 재즈의 유행과 더불어 더욱 성행하게 되자 춤만 따로 추게 되었다. 리듬은 더욱 다양해지고 춤의 활동범위도 넓어져 발레의 기교까지 채용하게 되었다. 한국에는 1940년대를 전후해서 탭댄스가 선보였다.

Folk Dance (민속무용)

《지젤》 또는 《지젤 또는 윌리들》은 (Giselle ou les Wilis)은 아돌프 아당(프랑스어: Adolphe Charles Adam)의 음악과, 테오필 코티에 (Théophile Gautier)와 쥘-앙리 베르누아 드 생 조르주(Jules-Henri Vernoy de Saint-Georges)의 공동 각본, 장 코랄리(Jean Coralli)와 쥘 페로 (Jules Perrot)의 공동 안무로 창작된 발레 작품이다. 1841년 6월 28일에 파리 오페라 극장에서 초연된 이후로 낭만 발레의 대명사로 일컬어진다.

Hip-Hop Dance (힙합댄스)

1990년대 초부터 청소년들 사이에서 유행하고 있는 자유스럽고 즉흥적인 춤.

힙합은 흑인들을 대변하는 문화 중에 하나로 사회의 비리를 꼬집거나 풍자하고 기존의 생각들을 뒤엎는 내용이 담겨있다. '엉덩이'를 뜻하는 Hip과 '들썩이다'는 의미의 Hop의 합성어로 음악에 맞추어 가볍게 엉덩이를 들썩이는 동작에서 춤이 유래되었다. 방송 댄스는 춤을 추기 위한 음악(댄스뮤직)의 발달로 자연스럽게 발전되었다. 듣는 음악에서 보는 음악으로 바뀌는 시대에 컬러 TV의 등장으로 더욱 발전하였다.

Break Dance (브레이크 댄스)

1970년대 초반에 미국 뉴욕의 브롱크스 지역에서 유래된 춤.

비보잉(B-Boying)이라고도 한다. 이것은 "한 발로 껑충 뛰다, 뛰어오르다"를 뜻하는 아프리카어 "Boying"에서 유래된 것으로 보인다.

크게 파워무브(Power move)와 스타일 무브(Style move)로 나뉜다. 파워무브는 동작이 큰 회전을, 스타일 무브는 발 그대로 포즈(움직임)의 연결 등을 말할 수 있다.

Dance Sport (댄스스포츠)

경기용 볼룸댄스. 스포츠 요소가 가미된 사교댄스(Social Dance)를 말하며, 스포츠댄스, 경기댄스라고도 한다.

영국황실 무도교사협회가 볼룸댄스 분과위원회를 설치하고 왈츠, 탱고, 퀵스텝, 폭스트롯, 비엔나 왈츠 5개 종목의 도형과 기법은 정리하여 모던 볼룸댄스(스탠더드 댄스)로 사용하였다.

룸바, 차차차, 삼바, 파소도블레, 자이브 등 5개 종목을 정리하여 라틴 아메리카 댄스로 개정하여 사용하였다. 스탠더드 댄스 부분 5종목과 라틴 아메리카 5종목으로 통일되었다..

유행 댄스

1910년대 레그타임, 원스텝, 폭스트롯 등과 같은 재즈 계통의 싱코페이션이 강한 리듬이 애호 받았다.

1920년대 탱고, 룸바 등이 유럽과 미주에 소개되었다.

1930년대~1965년대 라틴계통 콩가와 삼바 세계로 퍼져나갔고 제2차 세계대전 후에는 맘보, 차차차, 로큰롤, 트위스트, 보사노바 등이 음악과 함께 동작도 유행하였다.

1979년 격렬한 동작에 디스코가 젊은이들 사이에 크게 유행하였다.

1980년대 들어서 랩(Rap)이 유행하기 시작하였다. 랩은 본래 1970년대 중반 미국 내의 흑인들의 언어유희에서 시작된 것으로 자기 자랑이나 타인의 비방을 일상적인 용어를 즉흥적으로 내뱉는 것이었다. 샘플링(Sampling)기술과 힙합(Hip-Hop)의 대중적 발전에 힘입은 바가 크다. 유럽에는 신시사이저와 전기악기 등을 이용한 테크노 댄스가 발전하였다.

1990년대 들어서 랩, 힙합, 레게 등 한국에서 크게 유행하였다.

다양한 장르의 유명 무용가

공옥진 한국무용가

공옥진(孔玉振, 1931년 8월 14일 ~ 2012년 7월 9일)은 대한민국의 판소리 명창·민속 무용가였다. 대한민국 1인 창무극의 선구자였으며, 병신춤으로 유명하다. 2010년 11월에 전라남도 무형문화재 29-6호 일인 창무극 심청가 예능 보유자로 지정되었다. 1931년에 전라남도 승주군(현 순천시) 송광면 월산리 추동마을에서 판소리 명창 공대일의 4남매 중 둘째로 태어났다. 일곱 살 때 어머니를 여의고 일본에 가서 최승희에게 춤을 배웠는데, 사실상 천 원에 그녀에게 팔려 가서 몸종 노릇을 한 것이라고 밝히기도 했다. 일본에서 돌아온 후 아버지에게 판소리를 배우기 시작했으며, 1948년에는 고창 명창대회에 나가 장원을 했다. 곱사춤의 명인이라 부를 만큼 곱사춤을 재주로 피워냈고 더불어 원숭이·퓨마 등 동물을 모의한 춤까지 추고 있어 전통연예인이면서 예술적 표현력의 왕성함을 보이는 창작인이기도 하다. 심청전·흥부전 등을 일인극으로 엮어 노래와 춤, 연기 모방춤으로 이끌어냈다.

임이조 한국무용가

임이조(林珆調, 1950년 6월 2일 ~ 2013년 11월 30일)는 대한민국의 국악인으로 한국무용가이다. 임이조는 중요무형문화재 제27호 승무 전수조교이자 제97호 살풀이 이수자였고 인간문화재 이매방의 적자로 알려졌다. 21세에 명무(名舞) 이매방에게 사사하여 질박한 호남류 춤사위를 창작무로 되살려왔는데 이매방 선생의 호남류 춤을 이어받겠다고 나선 사람이 수천 명 넘지만, 덧칠 없이 정통성을 유지하면서 고유의 맛을 올곧게 살릴 이는 임이조가 사실상 유일했다고 평한다.

듀스 힙합댄스그룹

듀스 (DEUX)는 故 김성재, 이현도로 구성된 대한 민국의 남성 힙합 듀오였다. 고등학교 시절부터 친구 사이인 그들은 1992년부터 방송 활동을 하였다. 이후 1995년까지 3장의 정규 앨범과 1장의 리믹스 앨범을 내고 해체하였다. 흑인 음악의 범주 안의 뉴잭스윙, 힙합, 재즈, 펑크(Funk), R&B와 같은 다양한 장르의 음악을 발표하며, 흑인 음악을 한국적으로 개량 발전

시켰다. 또한 그들은 앞선 음악뿐 아니라 남들이 소화하기 힘들었던 세련된 패션을 선보이기도 하였다. 헐렁한 힙합 바지와 세련된 프린팅의 티셔츠는 물론이고 그들이 직접 디자인한 다양한 스타일의 멋스러운 옷을 선보이 며 당시는 물론 지금까지도 패션의 트렌드 세터로서의 모습을 보인다.

출처: 위키백과

윙(김헌우) B-boy

비보이 윙은 대한민국의 비보이이다. 본명은 김헌우이며 진조 크 루 소속. 팀 내에서의 마스코트로 봐도 무방하다. 사실 김헌우는 춤 을 출 당시 닉네임에 대한 필요성은 느끼지 못하였다고 한다. 하지 만 얼마 후 생각이 바뀌었는지 자신은 가벼운 무브를 구사하겠다고 생각하여 Wing이라는 닉네임을 붙였다고 한다. 그리고, 비보이 윙 이 춤을 시작하게 된 계기에는 재미있는 일화가 있는데, 어렸을 적 김헌우는 자신의 형이 하는 것은 뭐든 다 흉내 내고 따라 했다고 한 다. 그리고 어느 날, 그의 형 김헌준이 친구들을 집으로 데려와서 춤 을 같이 추기 시작했는데, 이때 당시 김헌우는 형들이 춤추는 것을

보고 자신도 하면 될 것 같다는 생각으로 형 앞에서 하면 혼날 수도 있으니까 형 몰래 춤을 따라 하기 시작했는데, 그때 당시 Skim(김헌준)은 이러한 사실을 몰랐다고. 나중에 가서야 알았다고 한다. 그리 고 나중에는 시간이 흐르면서, Wing은 실력파 비보이로 거듭나게 되었다.

본명은 남현준으로, 대한민국의 스트릿댄스 댄서 겸 가수이다. 현재 서울호서예술실용전문학교 교수를 맡고 있다. 배우자인 박애리와 함께 연상연하 예술인 부부로 유명하다. 대한민국 1세대 팝퍼로 스트릿댄스와 팝핑의 역사의 산증인 중 한 명. 이주노를 사사하였다고 알려져 있으며, 1999년 월드힙합페스티벌에서부터 본격적으로 그 이름을 알리기 시작했다. jtL의 'a better day'의 안무와 백업댄서를 맡으면서 대중들에게도 알려졌다. 지금도 공연무대와 방송 등에서 스트릿댄스를 적극적으로 알리며 활발하게 활동하는 스트릿댄스계의 전설이다.

경수진 발레무용가

사진출처: 연합뉴스

대한민국의 前 발레리나. 현재는 국립발레단 단장 겸 예술감독으로 활동하고 있다. 대한민국의 발레계의 대표적인 인물이다. 리틀엔젤스예술단 출신으로, 언니를 따라갔다가 뽑혔다고 한다. 선화예술중학교를 지원했을 당시에는 한국무용을 배웠고 한국무용을 전공하기로 했지만, 중학교 1학년 때부터 발레과에 사람이 없어서 지원자를 받는 것을 보고 발레과에 지원했고, 그렇게 골격 테스트를 통과한 후 발레를 전공하게 되었다고 한다. 선화예술고등학교 재학 시절인 1981년 12월에 모나코의 왕립발레학교 교장 마리카 베소브라소바의 눈에 띄어 모나코로 떠나 3년간 유학 생활을 했으며, 1986년에 독일 슈투트가르트 발레단에 아시아인 중 최초로 입단하여 2015년까지 활동했고, 2016년 발레단에서 매년 있는 단원평가와 승진심사에서 면제되어 원할 때까지 수석 무용수 자격으로 무대에 오를 수 있는 아시아 최초의 종신 단원 자격으로서 은퇴했다. 슈투트가르트 발레단에서 1994년에 솔리스트, 1997년에 수석 발레리나가 되었다.

김주원 발레무용가

오랜 시간 동안 국립발레단의 수석 발레리나였다. 다시 말해 한국의 발레리나 중 가장 정상에 선 인물이라는 얘기다. 한국무용 관련 분야에서 최고의 입지를 다진 인물이다. 2006년에 브누아 드 라 당스상을 수상한 경력이 있어 화제가 된 적이 있다. 브누아 드 라 당스는 무용계의 아카데미상이라 불릴 정도로 권위 있는 상이다. 당시 김주원 말고 이 상을 받은 적이 있는 한국 국적의 사람은 강수진뿐이었다. 대한민국의 발레단 소속으로는 최초 수상이기에 그 의미가 더 각별하다. 2011년을 발레의 해라고 불릴 정도로 센세이션을 몰고 온 인물이기도 하다. 그녀가 공연하는 '지젤'은 전회 전

석 매진이라는 위업을 달성한다. 2012년에 수석 무용수 직을 물러났으며, 이후 프리랜서 무용수로 꾸준히 작품을 올리고 있다. 성신여대 무용과 교수로도 활동 중이다.

박지우 댄스스포츠

대한민국의 댄스스포츠 선수. 1980년 12월 6일 출생. 신장 183cm, 체중 77kg. 서울예술고등학교에서 발레를 전공했고 영국의 라반센터에서 현대무용을 전공했다. 댄스스포츠 동양인 최초 세계 랭킹 7위에 오른 실력자이며, 한국 댄스스포츠 사상 처음으로 국제 종합대회에서 수상한 댄스스포츠계의 스타다. 2004년 동양 선수론 최초로 블랙풀 대회 12강에 올랐고 2005년 누나 박지은과 함께 마카오 동아시안게임에서 차차차 부문 금메달을 땄다.

현대무용의 혁명가들

이사도라 던컨 (1877~1927)

"발레는 인간의 몸을 교묘하게 뒤틀고 비트는 고루하고 정형화된 춤이다. 나는 곡예사이기를 거부한다." 토슈즈와 타이츠를 벗어 던지고 반라의 몸으로 무대에 선 그녀는 현대무용의 시작이자 전설이다. 유니버설발레단의 문훈숙 단장은 "자유로운 춤에 대한 열망 때문인지 그녀의 춤에는 열정과 에너지가 있다"고 말한다. 그녀의 춤이 처음부터 '혁명'으로 인정받은 것은 아니다. 속이 훤히 비치는 옷을 입고 테크닉을 무시한 채 추는 그녀의 춤을 당시 청교도 정신에 사로잡혀 있던 미국 무용계는 천박한 춤이라며 비난했다. '맨발의 댄서'는 미국을 떠나 런던과 파리에서 활동했다. 박물관과 미술관에 가기를 즐기던 그녀는 그리스 명화와 바람, 파도 같은 것에서 영감을 받아 한층 자유로운 춤을 선보이며 무용의 틀을 재정립했다.

루스 세인트 데니스 (1879~1968)

미국 모던 댄스의 위대한 선구자. 우아한 몸동작이 돋보이는 최고의 무용수이기도 했던 그녀는 이집트 여신의 자태에 버금가는 아름다운 춤을 추겠다는 목적으로 크리스천이 된 후 루스 데니스에서 루스 세인트 데니스로 이름을 바꾸었다. 그녀를 사로잡은 것은 오리엔탈리즘이었다. 동양의 종교에 매료된 그녀는 〈인도 무희의 춤The Nautch〉, 〈요기 Yogi〉 같은 작품을 남겼다. 80세를 훌쩍 넘긴 나이까지 미국과 유럽을 돌며 순회공연을 펼친 그녀의 최고 공적 중 하나는 세계 현대무용계의 산실인 데니숀 무용학교를 설립한 것. 마사 그레이엄, 도리스 험프리 등 수많은 '전설'이 이곳에서 배출됐다. 그

녀의 믿음은 이러했다. "좋은 무용가와 안무가가 되려면 발레는 물론 인디언 춤, 스페인, 인도의 민속
춤까지 배워야 한다."

도리스 험프리 (1895~1958)

도리스 험프리는 기본 동작을 비롯해 다양한 테크닉을 정리
한 인물로 평가받는다. 동작 분석과 테크닉의 정립으로 후배 안
무가들은 좀 더 체계적이고 효율적으로 안무를 짤 수 있었다. 그
과정에서 새로운 안무도 창조했다. 대표적인 것이 '낙하fall'와 '회
복recover'으로 이 동작에 맞춘 다양한 동작을 개발해냈다. 일리
노이주 태생으로 일찍이 무용과 안무 능력을 인정받은 그녀가
선보인 춤은 이전에는 존재하지 않던, 전혀 새로운 안무로 평가
받는다. 대규모 무용단을 구성해 웅장한 무대를 선보인 것도 그
녀의 업적 중 하나다.

머스 커닝엄 (1919~2009)

기존 무용 작품에서 암묵적으로 고수하던 기-승-전-결의 구조
를 없앤 혁명가. 서서히 클라이 맥스를 향해 치닫는 시간 구성
에서 벗어나 모든 동작이 중요한 의미를 지닐 수도, 반대로 아무
런 의미도 없을 수도 있음을 강조하며 전혀 새로운 논리의 공연
을 선보였다. 한두 명의 주연 무용수가 극을 끌고 가는 것에서도
탈피, 모든 무용수가 동등한 역할을 하도록 했다. 남성 무용수와
여성 무용수의 역할 구분을 없앴으며, 동작과 동작 사이의 멈춤
에도 의미를 두어 그 자체가 안무의 중요한 요소가 되도록 했다.
중심 무용수도 없고, 특별한 이야기도 없고, 익숙한 구성도 없이 신체의 움직임 하나에만 집중한 그는
춤에 '즉흥성'을 도입한 인물이기도 했다. 어떠한 진행, 어떤 동작도 무용이 될 수 있다는 것이 그의 신
념이었다.

피나 바우쉬 (1940~2009)

그녀가 위대한 안무가로 평가받는 이유는 처음으로 연극적 요소를 현대무용에 도입했기 때문. 무용수들이 무대에서 연극배우처럼 대사를 주고받고, 이전까지 추상적이고 단순하게 꾸몄던 무대는 연극적 소품과 일상용품으로 채워 기존과는 전혀 다른 공연을 보여주었다. 1982년 초연한 〈카네이션Nelken〉에서는 무대를 1만 송이의 카네이션으로 덮어 화제가 되었다. 이런 구성과 연출은 탄츠테아터 Tanztheater(극무용)라 불리며 후배 안무가들에게 큰 영향을 끼쳤다. 무용 평론가 이동우 씨는 "그녀의 공연은 한 편의 댄스 드라마를 보는듯하다"라고 말한다. 한 도시에 오랫동안 머물며 받은 느낌과 영감을 토대로 작품을 만드는 '세계 도시 시리즈'도 유명하다. 〈러프 컷〉은 서울을 소재로 삼은 작품이다.

출처: luxury.designhouse.co.kr

무용가 관련 도서 및 영화

한국춤의 역사 (김명숙/ 이화여자대학교출판문화원)

한국춤의 역사를 짚어보는 한국춤 입문서

우리나라에서 춤은 풍요와 행복을 비는 제천 의식에 기원을 두고 음악과 시, 춤이 결합한 악·가·무 일체의 형식으로 발달해왔다. 즉 '한국춤'은 단순한 '행위'의 차원을 벗어나 특정 시대 및 계층을 대표하고, 또 한민족을 대표하는 종합예술이자 민족문화로서 향유되어왔다. 따라서 당대의 시대적·문화적 맥락을 함께 이해하는 것은 한국춤의 역사를 올바르게 살펴보기 위한 방법이라 할 수 있다. 이 책에서는 선사시대에 처음 생겨나 현대의 창작춤에 이르기까지 다양하게 발전되어온 한국춤의 역사를 음악과 미술, 건축을 포함한 한국 예술 전반의 시대적·문화적 흐름 속에서 다각도로 통찰한다. 또한 근현대 시기 서양 문물의 유입으로 문화적 격동을 겪으며 전통춤을 계승·발전시키려는 움직임과 신무용 및 창작춤 등 새로운 춤 장르를 구축·발전시키려는 움직임이 활발해지면서 탄생한 여러 예인들의 삶과 그들의 작품 세계를 인물 중심으로 고찰하고, 춤의 위상이 변화하면서 등장한 여러 춤 단체들의 자취도 살펴본다.

이 책은 특히 다양한 원전과 그에 대한 상세한 풀이 및 해설, 풍부한 사진과 그림 자료들을 제공하여 독자들이 시대별 춤의 종류와 특징, 그 시대를 대표하는 예인들의 예술 세계를 더욱 깊이 있고 흥미롭게 파악할 수 있도록 돕고 있다. 미술과 음악, 춤을 포함하여 한국 예술의 역사적 흐름을 융합적인 시각으로 이해하기 쉽고 흥미롭게 서술한 이 책을 통해 독자들은 한국 사회와 예술, 춤이 관계 맺어오는 과정을 총체적으로 이해할 수 있을 것이다.

무용 예술의 이해 (김말복/ 이화여자대학교출판문화원)

이 책은 현대 사회에서 우리가 가장 쉽게 접하는 무용 형태인 예술로서의 무용을 일반인이나 무용에 관심 있는 독자, 그리고 전공자들이 이해하기 쉽도록 설명하는 관점에서 쓰였고 다양한 사진 자료들이 독자의 이해를 돕는다. 단순히 무용 예술 양식의 발전 역사를 훑는 데 그치지 않고, 각 시대의 무용에 깃든 이념 및 사회상과의 상호작용을 철학적·사회적·문화적·예술 사조상의 역사에 비추어 살펴보았다. 무용의 기원에서 최근의 춤에 이르기까지 각 시대에 겪은 무용의 변화, 다양한 양상을 면밀히 고찰한 노력이 돋보인다.

날고 싶은 인간의 욕망, 발레 (조기숙/ 이화여자대학교출판문화원)

이 책은 무용예술 중의 하나인 발레에서 무용가가 예술의 주인이 되는 길을 제시한 자기 성찰적 연구서이다. 발레는 무용가가 세상과 인간을 바라보고 해석하는 방식이며 그것은 구체적인 무용 동작으로 드러난다. 수많은 동작이 창조되고 연결되면서 무용가 자신만의 독창적인 세계가 탄생하는 것이다. 이 책에서는 이러한 발레의 특성과 역사, 핵심 원리와 기본 동작 등에 대해 철학적 성찰에 바탕을 두고 설명한다. 또한 전공자가 아닌 일반인들도 발레가 어떤 것인지를 이해할 수 있도록 발레 공연 모습과 기본 동작 사진 등 다양한 사진 자료를 곁들여 흥미를 더하고 있다. 안무가이자 무용과 교수인 저자가 집필한 이 책은 무용가가 직접 자신이 안무한 예술 작품이나 춤을 춘 체험을 연구한 하나의 사례를 보여줌으로써 예술가들의 학문적 연구를 촉진하는 데에도 의미 있는 역할을 할 수 있을 것이다. 다수의 무용가가 대학의 무용과 교수로 재직하고 있는 한국의 무용계 현실에서 이 책은 무용과 실기 교수가 어떻게 자신의 예술을 진지하게 탐구하고 분석할 수 있는지 방향을 제시해주는 좋은 참고서가 될 것이다. 또한 이 책을 통해 발레 전공자들은 현장에서 실기를 하면서 미처 인지하지 못했던 새로운 의미를 발견하는 기쁨을 누리고, 관객들은 공연 현장에서 보이지 않는 발레의 이면을 파악함으로써 예술가와 진정한 소통을 할 수 있게 될 것이다.

바른 발레 생활-발레홀릭의 치열한 재활기 (윤지영/ 플로어웍스)

2016년, 발레를 너무나 좋아한 나머지, 가장 기본적인 일과를 제외하고는 모든 초점이 발레에 맞춰져 있던 저자에게 일생의 큰 위기이자 사건이 일어났다. 뜻하지 않은 부상을 입고 이듬해인 2017년에 제대로 수술대에 오르게 됐다. 첫 책을 출간하고서 6개월 만에 벌어진 일이다. 건강한 몸, 즐거운 마음을 가지려 시작한 발레로 인해 오히려 불편한 몸, 닫힌 마음이 되고 보니 처음 무용실을 열었던 순간부터 지금까지의 자신을 다시금 돌아볼 수 있었다. 먼저 자신의 몸을 대하는 마음가짐부터 인지시키고, 세세한 궁금증 하나에도 두루뭉술하지 않은 정확한 답을 알려주는 스승, 발레계 간달프 최세영 선생님이 이 책의 처음부터 끝까지 따라다니며 친절하게 여러분을 가이드해줄 것이다. 인터넷 속 취미발레 윤여사의 딱딱한 에세이가 아닌 취미발레인 윤지영 작가의 진짜 발레 이야기로 여러분을 초대한다.

뉴욕에서 무용가로 살아남기 (심정민/ 북쇼컴퍼니)

현대 뉴욕 무용계의 생생한 이야기들

『뉴욕에서 무용가로 살아남기』는 무용 평론가 심정민이 뉴욕에 체류하며 경험한 생생한 뉴욕 무용계 이야기. 뉴욕에서 활동하는 세계 최고 무용가들의 현장감 넘치는 이야기부터, 유명컴퍼니의 단원선발과정과 작품제작과정, 도서관에서 무용 자료 찾기, ABT 같은 유서 깊은 단체들의 소개와 한국 무용가들의 활약상까지 폭넓은 내용을 담고 있다. 무용 팬뿐만 아니라, 교양인, 또한 뉴욕에 관심 있는 사람이라면 누구에게나 큰 도움이 될 것이다.

몸과 움직임 읽기-라반 움직임 분석의 이론과 실제
(신상미, 김재리/ 이화여자대학교출판문화원)

이 책은 20세기를 대표하는 무용가이자 무용 이론가인 루돌프 폰 라반에 의해 개발된 라반 움직임 분석(Laban Movement Analysis)을 토대로, 인간의 몸과 움직임을 관찰·분석하고 그 의미를 해석한 연구서이다. 라반 움직임 분석의 핵심 요소들을 체계적으로 분류하여 실제 분석에 적용하는 데 용이하도록 소개하고 있다. 또한 일반 독자들에게 다소 생소할 수 있는 움직임의 어휘와 개념들을 일상적인 움직임을 예로 들어 설명하고 다양한 일러스트와 사진을 수록함으로써 내용을 쉽게 이해할 수 있도록 했다. 주로 형이상학적이고 개념적인 측면에서 이루어져 왔던 몸과 움직임에 관한 연구에서 벗어나, 무용이나 스포츠 등의 전문 분야와 일상생활에서 인간의 몸이 만드는 움직임을 실제적으로 이해하고 이를 의미 있게 읽을 방법들을 제시하고 있다는 점이 특징이다.

무용 심리학 (나경아/ 보고사)

『무용 심리학』은 운동 심리학의 개념을 활용하고 있으며, 무용과 관련된 체험과 무용 역사를 거슬러 올라가 춤 속에 반영된 인간의 마음을 살핀다. 또한 무용을 전공하는 학생들과의 면담과 설문조사 내용이 반영되었다. 이 책은 통해 춤을 전공하는 사람들뿐 아니라 일상의 삶과 춤을 통한 환상의 세계를 균형 있게 살아가기 원하는 사람에게 공감이 되고, 나아가 유용한 지침이 되어 줄 것이다.

출처 : 네이버영화

빌리 엘리어트 (2001, 110분)

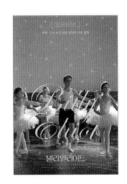

　엄마를 어렸을 적 여읜 11살 소년 빌리는 영국 잉글랜드 북부 더럼에서 아버지와 형, 그리고 약간 치매인 할머니와 살고 있다. 때는 1980년대, 철의 여인 마거릿 대처 총리가 석탄 산업 합리화 정책을 강행하는 것에 노조는 장기 파업으로 대항하고 빌리의 아버지 재키와 형 토니도 가담하게 된다. 아버지는 가족의 명예를 위해 어린 아들 빌리에게 권투를 시키는데 방과 후 매일 가는 체육관에서 권투 수업과 발레 수업이 같이 이루어지고 있었다. 그러던 어느 날, 왠지 모르게 발레에 관심이 가게 되고 그걸 목격한 발레 교사 윌킨슨 씨는 그가 발레에 재능이 있는 것을 알아보고 권투 대신 발레를 배우게 하며 로열 발레스쿨 입학을 도와주려 한다. 이 사실을 알게 된 아버지의 극심한 반대에 꿈이 좌절될 뻔하기도 하지만 빌리는 자신의 능력을 인정해 주는 윌킨슨 선생님을 더 따르게 되고 결국 아버지도 발레가 더 나은 미래를 위한 길이라는 걸 알게 되어 아들을 물심양면으로 도와준다. 결국 아들은 로얄발레학교의 오디션에 합격하게 된다.

하이 스트링 (2018, 96분)

　버스킹하는 바이올리니스트 조니와 예술학교에 갓 입학한 무용수 루비.
　전혀 만날 일 없을 것만 같던 이들은 조니의 바이올린 도난 사건으로 가까워지고, 조니의 아랫집 이웃 스위치스텝스 멤버들과 친해지면서 상금 2만5천 불의 경연 대회에 참가하기로 마음 먹는데...

댄서의 순정 (2005, 110분)

채린은 댄서의 꿈을 안고 인천으로 향한다. 채린의 언니는 댄스대회에서 항상 우승을 했던 선수로 채린은 그런 언니의 뒤를 잇고 싶어한다. 하지만 채린이 언니 대신 왔다는 것을 알게 된 상두는 채린을 술집에 팔아버린다. 채린이 입국을 할 때 자신의 돈을 썼기 때문이다. 채린은 술집에서 일하면서도 희망을 잃지 않는다. 월급 이백만 원과 춤을 위해서 꿋꿋이 참고 견뎌간다. 또 술집으로 가기 전 파트너였던 영새와의 소중한 기억들과 드레스와 신발을 기억하며 참는다. 하지만 현실은 그렇게 호락호락하지 않다. 영새는 한때 최고의 댄서로 이름을 날려서 재기를 꿈꾸고 있다. 그렇기 때문에 더욱더 파트너가 중요하다. 또 첫사랑 세영을 잊기 위해서란 이유도 있다. 하지만 순수한 채린을 외면할 수 없었던 영새는 채린을 술집에서 데려와서 춤을 가르쳐 준다.

스윙키즈 (2018, 133분)

1951년 한국전쟁, 최대 규모의 거제 포로수용소. 새로 부임해 온 소장은 수용소의 대외적 이미지 메이킹을 위해 전쟁 포로들로 댄스단을 결성하는 프로젝트를 계획한다. 수용소 내 최고 트러블메이커 '로기수'(도경수), 무려 4개 국어가 가능한 무허가 통역사 '양판래'(박혜수), 잃어버린 아내를 찾기 위해 유명해져야 하는 사랑꾼 '강병삼'(오정세), 반전 댄스실력 갖춘 영양실조 춤꾼 '샤오팡'(김민호), 그리고 이들의 리더, 전직 브로드웨이 탭댄서 '잭슨'(자레드 그라임스)까지 우여곡절 끝에 한자리에 모인 그들의 이름은 '스윙키즈'. 각기 다른 사연을 갖고 춤을 추게 된 그들에게 첫 데뷔 무대가 다가오지만 국적, 언어, 이념, 춤실력, 모든 것이 다른 오합지졸 댄스단의 앞날은 캄캄하기만 하다.

더티 댄싱 (1988, 100분)

1963년 베이비(제니퍼 그레이)라는 애칭의 프란시스는 의사인 아버지 제이크(제리 오바하)와 어머니 마조리, 언니 리사와 함께 켈러만 산장으로 피서를 하러 간다. 같은 또래의 젊은이들이 많이 있는 그곳에서는 저녁이면 댄스파티를 즐긴다. 그러다 베이비는 댄스 교사 자니(패트릭 스웨이즈)와 그의 파트너인 페니(신시아 로즈)가 추는 춤에 매료된다. 베이비는 임신한 페니 대신 댄스 경연대회에 나가기 위해 연습을 하고 춤을 추면서 자니와 베이비는 사랑에 빠진다. 그러나 페니가 돌팔이 의사에게 중절 수술을 받고 사경을 헤매게 되지만 의사인 베이비 아버지의 도움으로 살아난다. 하지만 자니는 아이의 아버지로 오인당하고 해고된다. 피서 마지막 발표회에서 돌연 등장한 자니는 베이비와 환상적 더티 댄싱을 선보인다.

블랙 스완 (2011, 108분)

발레단 단장인 토마스(뱅상 카셀 분)가 기존의 백조(白鳥)의 호수와는 달리 흑조(黑鳥)의 비중을 크게 둔 새로운 백조의 호수를 만들기로 하고, 발레리나 니나(나탈리 포트만 분)를 백조와 흑조 1인 2역을 소화할 주인공으로 발탁한다. 하지만 역할을 수행해야 한다는 강박, 백조로서는 100% 신뢰하지만 흑조로서의 니나를 끝없이 의심하는 단장, 자신의 자리를 위협하는 것으로 보이는 날라리 신입 릴리(밀라 쿠니스 분), 딸의 성공에 광적으로 집착하는 어머니(바버라 허시 분)와의 갈등 속에서 니나는 점점 광기에 사로잡혀간다는 이야기.

스텝업 (2006, 103분)

삶의 목표 따위 없지만 춤 하나만큼은 끝내주게 추는 힙합 반항아 '타일러'. 여느 날과 다를 것 없이 친구들과 몰려다니며 놀던 어느 날 사고를 치게 되고 법원으로부터 '메릴랜드 예술학교' 봉사 명령을 받게 된다. 최고의 엘리트들이 다니는 이곳에서 '타일러'는 쇼케이스 준비가 한창인 발레리나 '노라' 를 만나게 된다. 공연 2주 전, 파트너의 부상으로 자신의 출전마저 불투명해진 '노라'는 파트너가 다시 돌아오기 전까지 함께할 연습 상대를 찾는다. 춤이라면 자신 있는 '타일러'는 기회를 놓치지 않고 그녀의 파트너가 되길 자처

한다. 정석대로 춤을 춰온 '노라'는 그의 춤에서 그동안 보지 못했던 자유와 열정을 느끼게 되고 '타일러' 역시 자신의 꿈을 위해 노력하는 '메릴랜드' 학생들의 분위기에 동화되어 난생처음 인생의 목표를 갖게 된다. 연습이 거듭될수록 서로의 꿈을 향해, 로맨스를 향해 스텝업하기 시작하는 두 사람. 그러나 자유로운 '타일러'와 클래식한 '노라'의 서로 다른 춤 스타일 만큼이나 다른 환경과 가치관이 충돌하면서 갈등의 벽이 높아져만 가는데...

생생 인터뷰 후기

● 저자 박선경

　어린 시절 우연히 접했던 댄스스포츠를 계기로 춤을 사랑하게 되었다. 비록 다른 분야로 진로를 선택하고 커리어를 쌓아가고 있지만, 여전히 춤을 사랑한다. 진심으로 춤을 사랑하고, 댄서로서의 삶을 선택한 무용가들이 나에겐 늘 동경의 대상이었다.

　어린 시절부터 호기심이 많아 다양한 직업에 관심을 가졌었고 다양한 꿈을 꾸었지만, 정작 그 직업이 어떤 일을 하고 어떤 과정을 거쳐야만 될 수 있는지는 알 수 없었다. '어떻게 되었을까?' 도서를 통해 현직 직업인에게 생생한 이야기를 전해 듣는다면 해당 분야의 직업을 꿈꾸는 학생에겐 너무 큰 도움이 될 것 같았다. 이 책의 취지에 깊이 공감하며 '동물조련·사육사편'에 이어 '무용가편'을 준비하게 되었다. 나와 같은 고민의 과정을 겪는 학생들에게 작은 도움이 되었으면 하는 마음으로 다양한 장르의 무용가들을 만났고, 그들의 생생한 이야기를 이 책에 담았다.

▶ 저자의 댄스스포츠 취미활동
　(좌- 안남근님 / 우-이종률님)

● '현대무용수' 안남근님

　댄싱9에서 보여주신 드래프트무대가 7년이나 지났음에도 기억에 생생하다. 긴 머리를 높이 묶고 섬세하면서도 파워풀한 움직임. 안남근님만의 개성이 묻어나는 무대에 매료되었다. 대면 인터뷰를 진행하는 내내 수줍어하시면서도 질문 하나하나에 손짓, 몸짓을 더하여 풍부하게 답변해주시는 모습이 인상 깊었다. 현대무용만의 매력과 안남근님이 가지고 계신 신념이 느껴졌고, 후학을 위해 힘쓰고 싶다는 안남근님의 말에 현대무용의 미래가 더욱 기대된다. 인터뷰를 통해 성덕의 꿈을 이룰 수 있어 행복한 시간이었다.

◉ '팝핀댄서' 제이유님

인스타그램을 통해 꽤 오랜 기간 지켜보게 된 팝핀댄서 제이유님. 제이유님의 일상은 춤으로 가득했다. 랜선으로도 춤에 대한 열정이 느껴질 수밖에 없었다. 조심스러운 인터뷰 제안에 흔쾌히 응해주셨고 현재 대학에서 학생들을 지도하고 계서서인지 커리어의 과정을 차근차근 설명해주시며 학생들의 이해를 돕고자 노력하시는 모습이 인상 깊었다. 팝핀댄서가 되기 위한 교육 커리큘럼이 존재하는 시기가 아니었음에도 확고한 꿈을 가지고 진로의 방향을 잡아오신 제이유님의 신념이 멋지게 느껴졌다. 특히 영어영문학과 출신의 팝핀댄서라는 타이틀이 매력적이었다. 다양한 경험을 하며 자신의 길을 묵묵히 걸어간 제이유님의 이야기를 통해 많은 학생들이 댄서로서의 꿈을 널리 펼쳐나가길 바라는 마음이다.

◉ '발레무용가' 이루다님

무용가편 집필을 결정하고, 발레리나를 떠올렸을 때 가장 먼저 생각난 분이 이루다님이었다. 댄싱9을 통해 본 이루다님의 무대는 '발레는 백조같이 우아하고 아름다운 무용이다.'라는 나의 편견을 깨주었기 때문이 아니었을까. 파워풀하고 매혹적인 블랙스완을 연상시키는 무대에 매료되었다. 다양한 분야에서 지금까지도 활발하게 활동하고 계서서 인터뷰 섭외 및 진행이 가능할지 걱정도 되었지만, 좋은 취지라며 공감해주시고 인터뷰에 함께 해주셨다. 발레의 대중화를 꿈꾸며 자신만의 색깔을 찾아가는 이루다님의 행보를 진심으로 응원한다. 도서에 수록된 이루다님의 이야기가 무용가를 꿈꾸는 청소년들의 가슴을 뛰게 하지 않을까 기대하는 바이다.

◉ '댄스스포츠선수' 이종률님

대학교 졸업반 시절, 다시 댄스스포츠를 배우고 싶은 마음에 찾아간 학원에서 만난 이종률님과 지금까지 인연을 이어오고 있다. 고등학교 3학년 때 댄스스포츠를 처음 접하고 선수생활을 시작했던 이종률님의 이야기는 '지금 시작하기 늦은 게 아닐까?'라며 고민하고 있을 청소년들에게 힘이 되어줄 거라 기대한다. 도서를 통해 무용가와 인터뷰어로 만났지만, 수업에서 6년째 보여주시는 열정이 인터뷰 내내 느껴졌다. 이종률님의 솔직담백한 커리어 스토리가 책을 보는 청소년들에게 긍정적인 영향력을 펼치길 바라는 마음이다.

◑ '한국무용수' 김혜림님

한국적인 것에 대한 관심으로 시작한 한국무용의 입문기부터 한국무용수로서 걸어온 길을 담백하게 전달해주신 김혜림님. 인터뷰 중 '하고 있는 예술 활동을 통해 사람들에게 감동을 주고 싶다.'는 이야기가 특히 마음에 와 닿았다. 학생들을 생각하는 마음과 솔직한 자신의 이야기를 전하는 김혜림님의 진심어린 이야기들을 고스란히 담고자 노력했다. 한국무용에 관한 이야기는 물론, 무용과 관련한 다양한 진로를 열어주시는 솔직한 이야기가 학생들에게 꼭 필요한 이야기이지 않을까 하는 생각이 들었다. 앞으로 한국무용수로서 김혜림님의 활약이 기대된다.

◑ '스트릿댄서' 이대규님

밝은 긍정에너지를 가진 댄서. 이 한 문장으로 이대규님을 설명할 수 있음에 행복하다. 춤을 추는 이대규님의 영상에서 진심으로 춤을 좋아하고 춤을 추며 행복을 느낀다는 것을 느낄 수 있었다. 인터뷰 속에도 이대규님의 긍정에너지와 행복함이 묻어난다. 댄서로서, 안무가로서 활발하게 활동하고 있는 스토리가 인터뷰를 진행하는 내내 빠져들게 만들었다. 무용가를 꿈꾸는 친구들과 가장 가까운 시기에 학교에 다니며 진로를 그려왔기에 학생들에게 더 큰 공감을 끌어낼 수 있지 않을까 기대된다. 이대규님의 긍정 에너지와 진심 어린 조언을 건네는 따뜻한 마음이 독자들에게 전해지길 바란다.